W0035259

DELPHINE
HORVILLEUR

Wie geht's?

MITEINANDER
SPRECHEN
NACH DEM
7. OKTOBER

Aus dem Französischen
von Nicola Denis

Hanser Berlin

Die französische Originalausgabe erschien 2024 unter
dem Titel *Comment ça va pas?* bei Éditions Grasset, Paris.

1. Auflage 2024

ISBN 978-3-446-28174-5
© 2024 Éditions Grasset & Fasquelle
Alle Rechte der deutschen Ausgabe
© 2024 Carl Hanser Verlag GmbH & Co. KG, München
Wir behalten uns auch eine Nutzung des Werks für Zwecke
des Text und Data Mining nach § 44b UrhG ausdrücklich vor.
Umschlaggestaltung: Anzinger und Rasp, München
Satz: Sandra Hacke, Dachau
Druck und Bindung: GGP Media GmbH, Pößneck
Printed in Germany

MIX
Papier | Fördert
gute Waldnutzung
FSC
www.fsc.org   FSC® C014496

Wenn du dein Frühstück bereitest, denk an den Andern
und vergiss nicht das Futter der Tauben.
Wenn du in deine Kriege ziehst, denk an den Andern und
vergiss nicht jene, die Frieden fordern.
Wenn du deine Wasserrechnung begleichst, denk an die
Andern, die ihr Wasser aus den Wolken saugen müssen.
Wenn du zu deinem Hause zurückkehrst, deinem Hause,
denk an den Andern und vergiss nicht das Volk in den
Zelten.
Wenn du schlafen willst und die Sterne zählst, denk an
den Andern, der hat keinen Raum zum Schlafen.
Wenn du dich mit Wortspielen befreist, denk an den
Andern und denk an jene, die die Freiheit der Rede ver-
loren.
Wenn du an die Anderen in der Ferne denkst, denke an
dich und sage: Wäre ich doch eine Kerze im Dunkeln.

Mahmud Darwisch,
palästinensischer Dichter

Für meine Kinder Samuel, Ella und Alma …

Und für all die anderen, jene im Werden begriffenen
»mentshn«, die in Paris, Tel Aviv, Gaza oder
anderswo … den Hass überwinden und Kerzen im
Dunkeln zu sein vermögen.

INHALT

I

Gespräch mit
meinem Schmerz

Oy a brokh' …

In meiner Kindheit begannen die Gespräche oft damit.

Ein Erwachsener betrat den Raum, ein Eltern- oder Großelternteil, ein Freund der Familie. Er schaute uns tief in die
Augen und stieß seufzend diese Zauberformel aus:

Oy a brokh' …

Diese drei Wörter konnten ebenso gut heißen »Was für ein
Sch…tag« wie »Es geht gar nicht übel, aber Achtung, das
kann sich schnell ändern«. Sie konnten bedeuten »Ach, seid
ihr süß, Kinder« oder aber »Puh … Kaum zu glauben, dass ihr
auch mal irgendwann so alte Knacker sein werdet«. Es kam jeweils auf den Kontext an.

Es gab noch weitere Varianten, sämtlich auf Jiddisch, subtile
Abwandlungen der klassischen Formel: »Oy vey«, »Oy va-
voy« oder »Oy vey iz mir«. Egal wie sie vorgebracht wurden –
in ihnen mischten sich immer auf paradoxe Weise Humor und
Verzweiflung, das Bewusstsein der Tragödie und eine bestimmte Art, sich über sie lustig zu machen. Sie bildeten das, was auf
Jiddisch »krekhts« genannt wird, ein schwer auszusprechen-
des Wort. Es kratzt im Hals und zwingt einen fast zum Aus-
spucken, ist aber weicher, als es zunächst den Anschein hat. Es
eint die sehr jüdische Fähigkeit, mit Humor zu klagen. Sozusa-
gen ein auflachendes Schluchzen.

Mein Kinderohr erkannte die Wortmelodie sofort. Sie klang nach Klezmer-Musik und barg ein besonderes Versprechen. Sie sagte in dieser geheimnisvollen Sprache, dass wir auf ewig mit unserer Geschichte verbunden sind. Die wenigen Silben beschworen alte Legenden herauf, die geradezu andächtig von Generation zu Generation überliefert worden waren: das Bewusstsein des Unglücks und die Pflicht, es zu überleben, die Erinnerung an die Tragödien und die Weigerung, sich durch sie zu definieren.

»Hör zu, mein Kind«, sagten sie, »Folgendes ist uns passiert, aber wir sind nicht ›nur‹ das, was uns passiert ist ... sondern auch das, was wir daraus machen, *keyn eyn-hore** ... nimm noch ein bisschen Bouillon.«

Oy a brokh' ...

Schon als Kind wusste ich, dass ich diese Worte nicht zu übersetzen brauchte, um sie zu verstehen. Ihre wörtliche Bedeutung tat letztlich wenig zur Sache. »Was für eine Katastrophe!«, »Unglück über mich!« Jenseits ihres Signifikanten verbarg sich eine von meinen Vorfahren verschleierte heimliche Botschaft: ein Wortversteck in einer Sprache, die eigentlich keine war.

Heute sind sich die Spezialisten einig: Das Jiddische ist keine strukturierte Sprache, eher ein vielgestaltiger Dialekt, ein Kauderwelsch aus Deutsch, Russisch und Hebräisch. Wie an einem breiten linguistischen Klebeband haften an ihm die Rückstände einer verzweifelten Wanderschaft. Es trägt die Spuren sämtlicher Orte, von denen wir vertrieben wurden – leidlich lebendig oder aber weidlich abgeschlachtet. Es ist die

---

*   »Ohne den bösen Blick«: Ausdruck, der immer dann verwendet wird, wenn man fürchtet, dass der Neid eines anderen uns Pech bringt.

Sprache dessen, der beim Verlassen eines Landes achtsam ein paar Wortkrumen aufliest, um unterwegs von ihnen zu zehren.

So wird die Sprache des wandernden Menschen gesprochen: Sie duldet keine zuverlässige Übersetzung, die sie in ein Wörterbuch zwängen würde. Jeder Versuch, sie irgendwo, selbst in einem Lexikon, festzuhalten, ist vergeblich, denn sie wandert ebenso stetig wie ihr Sprecher.

Offizielle Übersetzer aus dem Jiddischen, und seien sie noch so aufmerksam oder gelehrt, sind immer ein Flop. Sie liegen systematisch daneben, diese *pots**, und müssen immer irgendwann darauf verzichten, eine exakte – wörtliche oder übertragene – Bedeutung anzubieten. Falsch. Und wieder falsch. Die Feinheiten des Jiddischen bewirken stets ein »nicht ganz genau«. Sie lassen sich weder ganz genau fassen noch ganz genau erfassen. Das trifft auf alle Wörter zu, besonders aber auf die Beschimpfungen, die das schönste Schatzkästchen meines Volks bilden. In den Flüchen verbergen sich ungeahnte Reichtümer, Perlen der Verzweiflung, die wir einem Feind ins Gesicht schleudern, wissend, dass er sich davon kaum wieder erholen wird. Selbst wenn er sich gerade unserer Vernichtung widmet.

Diese Worte ändern natürlich nichts an unserer Ohnmacht oder Verletzlichkeit. Aber weil sie uns darüber lachen lassen, machen sie uns zu einem unbesiegbaren Gegner. Das Jiddische kennt Tausende von Ausdrücken, um einen Feind zu verfluchen oder ihm die schlimmsten Katastrophen an den Hals zu wünschen. »*Alter Kacker*, auf dass du alle Zähne verlierst … bis auf einen … der hoffentlich von Karies befallen ist!«

---

* Idioten

Oy a brokh' …

Für meine Kinderohren beschworen diese drei Wörter ein merkwürdiges Bewusstsein von Zugehörigkeit herauf. Nicht zu einem Judentum, das mir ziemlich egal war, zu einem Stamm oder einer religiösen Gruppe, sondern zu einer menschlichen Bruderschaft: eine brüderliche Verbundenheit im Pech, ein internationaler Bund der Glücklosen, dem ich, komme, was wolle, angehörte.

Bei diesem Schlachtruf scharte sich ein sonderbares Regiment um mich, eine Armee aus Habenichtsen, die quer durch Raum und Zeit alle vereinte, die bald eins draufkriegen würden. Alle, die die Geschichte in ihrer großen Kegelpartie in regelmäßigen Abständen rauskicken würde. Auf die wieder und wieder der unbändige Zorn einer Welt niedergehen würde, die wild entschlossen war, ihnen niemals Ruhe zu gönnen.

Als Kind gefiel mir die Idee, dass das Jiddische von unserer vergangenen Größe erzählte: ein Erbe von Verlierern, das uns so etwas wie einen Stammbaum vermachte, eine Fähigkeit über das, was uns widerfahren war, zu lachen.

Als ich größer wurde, lernte ich natürlich andere Sprachen. Solidere, selbstbewusstere. Und ließ darüber mein Jiddisch einschlafen.

Ich fühlte mich sicher genug und redete mir ein, dass uns all das natürlich nicht widerfahren würde. Ich dachte, dass diese Sprache für meine vor Bedrohungen geschützte Generation nicht zu gebrauchen wäre. Die Trompeten des »oy a brokh'« würden nahezu stumm bleiben. Womöglich würden meine eigenen Kinder sie gar nicht mehr hören. Kurzum, ich machte mir etwas vor.

Kennst du die Geschichte? Zwei Juden haben gemeinsam zahl-
reiche Prüfungen und Tragödien durchgestanden. Dann wurden
sie vom Leben getrennt. Sie verloren sich jahrzehntelang aus den
Augen, bis sie sich eines Tages auf wundersame Weise wiedertrafen,
durch puren Zufall.

Der eine sagt zum anderen: »Ich freue mich so, dich wiederzu-
sehen, Moishe. Aber sag doch, was machst du so? Wie geht's?«

Ohne lange zu überlegen, antwortet Moishe:

»Gut!«

»Ernsthaft, Moishe, sag mir doch ein bisschen mehr: Wie geht's?
In zwei Worten ...«

»In zwei Worten? – Nicht gut!«

Gut ... Nicht gut. Diese Geschichte ist natürlich meine. Seit
dem 7. Oktober 2023 bin ich Moishe. Ich und viele andere, die
genauso mitgenommen sind. Wir laufen uns täglich über den
Weg, haben aber das Gefühl, uns aus den Augen verloren zu haben. Ich begegne Männern und Frauen, mit denen ich nicht
mehr richtig ins Gespräch komme. So als wäre die Alltagsspra-
che wirkungslos geworden: Ich betrete einen Raum, und die
üblichen Konventionen, die Regeln für ein Standardgespräch
scheinen außer Kraft gesetzt. Man fragt mich: »Wie geht's?«

Natürlich weiß ich, dass mein Gesprächspartner mir mit
dieser banalen Frage nicht wehtun, manchmal sogar nur guttun will. Er fragt naiv und wohlwollend, er versucht eine Verbindung herzustellen, ohne das Ausmaß meines Schmerzes zu
ahnen.

»Gut«, erwidere ich ihm ... und dem nächsten antworte
ich: »Nicht gut!«

Manchmal wende ich mich an beide gleichzeitig, indem ich
auf einen alten Trick der jüdischen Tradition zurückgreife und
die Frage mit einer Gegenfrage zu entschärfen versuche. Auf

ein »Wie geht's?« entgegne ich: »Und dir? Wie spät ist es? Findest du nicht, dass es für November ganz schön trocken ist?«

Manchmal, wenn gar nichts mehr geht, erinnere ich mich an die vergessene Herkunft dieser alltäglichen Wendung. Im Mittelalter fragte man den anderen: »Wie geht's dem Stuhlgang?« Er – Konsistenz, Häufigkeit oder Geruch der Ausscheidungen – war der wichtigste Indikator für den Gesundheitszustand. Unser »Wie geht's?« ist also eine sanitäre Abkürzung, das lexikalische Überbleibsel einer physiologischen Frage. Ehrlich gesagt: eine Scheißfrage!

Seit dem 7. Oktober gehe ich ihr sorgfältig aus dem Weg. Ich befreie mich von den Konventionen.

Ich träume davon, dass sich die Gesprächsregeln plötzlich ändern, dass menschliche Begegnungen mit nahestehenden oder unbekannten Personen andere Worte zu Hilfe nehmen. Ich träume davon, dass es uns gelingt, eine andere Sprache zu erfinden. Oder vielmehr davon, dass die ganze Welt begreift, wie wichtig es ist, künftig alles auf Jiddisch zu sagen.

Egal, ob wir jüdisch sind oder nicht, pro-israelisch oder pro-palästinensisch, pro-fund in unseren Analysen oder einfach nur gelähmt vor Schmerz! Wir, die wir am Boden zerstört sind, die wir in unseren Wörtern und Leben das ganze Leid unserer Geschichte transportieren, können nur noch in dieser Sprache sprechen. Und wie sehr würde ich mir wünschen, dass wir uns mit einem »Oy a brokh'« anreden, einer ehrlich gemeinten Begrüßung, bei der sich uns vor Schmerz sämtliche Eingeweide zusammenziehen.

»*Oy a brokh', Monsieur.*«
　　»*Oy a brokh', Madame.*«
　　»*Oy vey iz mir, was ich darf ich Ihnen heute bringen?*«
　　»*Oy vey … einen Espresso, wie immer, danke!*«

Wo wir auch sind, egal, mit wem wir sprechen oder in welcher Situation wir uns befinden – seit dem 7. Oktober denke ich, dass wir in allen Sprachen Jiddisch sprechen sollten. Verstehen Sie mich nicht falsch: nicht die Sprache der Juden, sondern die Sprache jener Menschen, die tief in ihrer Verzweiflung spüren, dass ihre ins Wanken geratene Menschlichkeit nach Rettung ruft.

II

Gespräch mit meinen Großeltern

»*Oy a brokh', Opa ...*«

»*Ach, meine große Kleine (so nannte er mich in ernsten Gesprächen immer) ... meine große Kleine, so kannst du doch nicht sprechen!*«

»*Wie kann ich nicht sprechen, Opa?*«

»*Auf Jiddisch. Du sollst doch Französisch sprechen. Nur Französisch.*«

Französisch sprechen. Das konnte mein Großvater väterlicherseits besser als alle anderen. Von Berufs wegen und aus Leidenschaft. Er unterrichtete Literatur, Latein und Griechisch. Die Grammatik verehrte er über alles. Er korrigierte meine Übersetzungen in beiden Sprachrichtungen. Oft kommentierte er meine Aufsätze – auch ungebeten. Vor allem ungebeten. Er kramte einen Rotstift hervor, unterstrich die Fehler, nahm stilistische Verbesserungen vor und schrieb Randkommentare.

Ich brauchte eine Weile, um zu begreifen, dass er, der so zurückhaltend und emotional gehemmt, so sparsam mit liebevollen Gesten war, auf diese Weise seine Gefühle zeigte. Die von A bis Z durchkorrigierte Arbeit war seine Form einer Liebeserklärung, der verbesserte Stil ersetzte die Umarmung. Ein reflexives Verb verriet mir seine Zuneigung. Eine beiordnende Konjunktion bestimmte alles für mich.

Er war ebenso geschickt im Umgang mit den Grammatik-regeln wie ungeschickt im Umgang mit Menschen. Frei nach Molière: Unterdrücken Sie diesen Schluchzer, den ich nicht hören will.

Eines Tages zum Beispiel, ich hatte gerade *Die Nacht* von Elie Wiesel gelesen, schickte ich meinem Opa eine kurze Nachricht. Ich wollte unbedingt meine Lektüreeindrücke mit ihm teilen, ihm sagen, wie sehr mich diese ergreifende Schilderung der Deportation aufgewühlt hatte. Am folgenden Tag bekam ich einen langen Brief zurück: Mein Großvater belehrte mich auf bestürzende Weise darüber, dass »*génocide* mit einem Accent aigu und nicht mit einem Circonflexe geschrieben wird«. Zugegebenermaßen eine enorme Liebeserklärung. Wir befanden uns auf dem Höhepunkt der Emotionen. Ich bewahrte seine kostbare Nachricht noch lange in meiner Handtasche auf. Ich nahm sie überall mit hin und las sie, wann immer ich die Kontrolle über meine Gefühle zu verlieren drohte. Dann wusste ich wieder, dass *génocide* zwar mit einem Accent aigu geschrieben wurde, *gênance* hingegen noch immer mit einem Circonflexe. Mit diesen Wörtern hatte ich es schwarz auf weiß: Mein Großvater liebte mich ebenso innig wie die französische Sprache, und das wollte etwas heißen.

Denn diese Sprache war seine größte Liebesgeschichte, das Symbol seiner grenzenlosen Dankbarkeit gegenüber Frankreich. Der Republik verdankte er seine Erziehung und seine Leidenschaft, vor allem aber sein Leben. Sie hatte ihm die Möglichkeit gegeben, an gefälschte Papiere zu kommen und auf einige Gerechte zu treffen. So hatte er den Krieg überstanden, mit einem Pseudonym und wirklich erstaunlichen Berufen.

Er, der große Intellektuelle, der nicht in der Lage war, eine Glühbirne auszuwechseln oder einen Nagel einzuschlagen, der Kopfmensch mit seinen spröden Emotionen und gehemmten

Affekten hatte heimlich den Beruf eines »Schleusenwärters« ausgeübt.

Er, der seinen Tränenkanal so effizient verschließen, die Deiche der Gefühle hermetisch abdichten konnte, hatte unter einem anderen Namen die Kurbel an Flussübergängen betätigt, um das Wasser ablaufen und die Schiffe vorbeiziehen zu lassen ...

Ich denke oft an jenen anderen Großvater, den heimlichen Schleusenwärter und mysteriösen Doppelgänger, der er im Krieg gewesen war, an einen Mann, den ich natürlich selbst nie erlebt habe. Manchmal frage ich mich, ob er vielleicht Rechtschreibfehler machte. Ob es vorkam, dass er ein Partizip falsch anglich oder seine Lieben einfach in den Arm nahm?

Wenn mein Großvater von Frankreich, einem glorreichen, Widerstand leistenden Frankreich sprach, klang ewige Dankbarkeit heraus. Er verwandelte sich in den perfekten französischen Juden, in einen, den man bis vor Kurzem noch »Israeliten« nannte. Der Israelit ist ein Patriot, dessen Judentum höchster Diskretion unterliegt und nur im häuslichen Kreis praktiziert wird. Mein Großvater war ein Marrane der Republik, ein perfekt assimilierter Jude, wie es sie nicht mehr gibt.

Schade, werden manche sagen. Ich bin mir da nicht so sicher. Hinter der diskreten, nahezu unsichtbaren jüdischen Praxis der Israeliten verbarg sich vermutlich eine tiefsitzende Angst, die Furcht, niemals die rechtmäßige Gattin eines geliebten Landes zu werden, auf ewig die heimliche Geliebte zu bleiben, die man früher oder später zwangsläufig verleugnet, um sein Heim zu schützen. Die Schuld gegenüber dem Vaterland enthielt etwas von diesem existenziellen Zweifel. Die extreme Dankbarkeit war das leuchtende Gewand, das elegant typisch jüdische Ängste und Schmerzen umhüllte: die Angst, nicht genauso geliebt zu werden, wie man selbst liebt.

»Oy a brokh', Opa …«

»Nein, nein, meine große Kleine. Sprich kein Jiddisch! Es gibt genug Wörter im Französischen, die deinen Schmerz oder deine Einsamkeit präzise beschreiben. Du musst sie nur gut wählen. Aus diesen Tausenden von Wörtern sind Meisterwerke entstanden. Das weißt du doch, denk an die langen Tiraden, die wir gemeinsam gelesen haben. An Racine, oder Corneille, an die Bedeutung des klassischen Theaters und die Macht der großen Tragödien.«

»Du hast recht, Opa. Ich habe es dir zu verdanken, wenn ich diese Repliken und Gedichte in Alexandrinern auswendig kenne: universelle Verse und Intrigen. Alles, was es braucht, um beherzt anderer Menschen Schmerz zu deklamieren … und um zu verhindern, dass unser eigener allzu sichtbar wird. Sieh nur, wie gut ich mich erinnere:

Rom, alleiniges Ziel meiner Rache!
Rom, dem dein Arm meinen Geliebten geopfert hat!
Rom, wo du geboren wurdest und an dem dein Herze hängt!
Rom schließlich, das ich hasse, weil es dich ehrt!«

»Bravo, meine kleine Große. Du hast Camille nicht vergessen, die in *Horace* weint, weil sie von den Ihren verraten wurde, von ihrem Bruder, der ihren Geliebten tötet und sie nicht zu beschützen weiß. Siehst du, wie wir mit ihr zittern, wie wir mit ihr leiden …«

»Ja, Opa, das ist wunderbar. Aber sag, wenn ein Bruder, ein Angehöriger oder sogar ein Land, das wir lieben, unsere Lieben nicht beschützen kann oder, schlimmer noch, in den Tod schickt, verdient er oder es dann noch unsere Liebe und unser Vertrauen? Unseren Respekt? Opa, hörst du?«

Er hatte keine Zeit mehr zu antworten. Denn just in diesem Moment erschien sie in meinem Kopf.

»Meydele (so nannte sie mich nicht, aber wie schön hätte ich es gefunden, wenn sie mir diesen Kosenamen gegeben hätte!). Meydele, was soll dieser französische Tragödienstuss???«

Sie erschien mitten in meinem imaginären Gespräch. Plötzlich vernahm ich deutlich ihre Stimme, und ich hatte keine andere Wahl, als ihr zuzuhören.

Zu Lebzeiten hätte sie das nie gemacht: Sie hätte weder eine Unterhaltung unterbrochen noch laut gesprochen, schon gar nicht, um Corneille-Verse zu kommentieren. Meine Großmutter hatte nie Corneille gelesen, ebenso wenig wie Racine oder Molière, und ich weiß wirklich nicht, was sie in unserer Unterhaltung zu suchen gehabt hätte. Plötzlich aber sprach sie sehr laut. Dabei hatte sie in meiner Erinnerung nie laut gesprochen. Eigentlich sprach sie gar nicht ... Meine Großmutter schwieg immer. Oder vielmehr: Alles, was sie sagte, wurde gleichzeitig schweigend und auf Jiddisch vorgebracht. Ihre bedingungslose Stummheit gebrauchte ausschließlich jene Sprache – die der Überlebenden. Egal woher sie kamen und wie ihre Geschichte lautete, war Jiddisch für sie das naheliegendstes Ausdrucksmittel.

Als sie mein Gespräch mit meinem Großvater unterbrach, schien sie mir mit ihrem starken karpatischen Akzent Folgendes zu sagen:

>»Was ist denn das wieder für ein Stuss? Genug shoyn, mit
>deinem Courneille und deinem Moulière und all diesem
>Schmock ... Was wissen die denn schon von Tragödien? Was
>haben diese kleinen Pischers und alten Kackers denn wohl
>Schlimmes erlebt, dass sie sich wirklich einbilden, sie könnten
>uns eine Lektion in Tragödien erteilen? Gey avek.«

Noch nie hatte ich meine Oma so aufgebracht erlebt. Sie war schon lange tot, aber für eine Wiedergängerin ganz schön wütend. Einmal mehr die Bestätigung, dass der Ausdruck »in Frieden ruhen« völlig absurd ist. Warum sollten die Toten sich nicht aufregen dürfen?

Zu ihren Lebzeiten hatte meine Oma überhaupt nichts Zänkisches gehabt oder es gut kaschiert. Sie wirkte immer latent ermattet und hüllte sich in tiefes Schweigen. Vielleicht wollte sie sich im Jenseits nun rächen.

Als Kind wusste ich nichts über ihre Vergangenheit. Ich vermutete, dass sie irgendeine Katastrophe zum Verstummen gebracht haben musste ... genauso wie ich wusste, dass mir jede Frage zu dieser Katastrophe untersagt war.

Zunächst, weil ich niemandem wehtun wollte: Ich ahnte, dass das Sprechen darüber einen unkontrollierbaren Schmerz wachzurufen drohte. Es kam gar nicht infrage, einen familiären Tsunami auszulösen. Und vor allem wollte ich die Anstrengungen der Erwachsenen nicht zunichtemachen. Sie schienen so beschäftigt damit, Schutzwälle zu bauen, Deiche und Staudämme zu errichten, um uns zu beschützen und zu verhindern, dass meine Generation von einem Orkan der Erinnerungen mitgerissen wurde. Offensichtlich handelte es sich dabei um einen Vollzeitjob, eine riesige Baustelle. Ich wollte nicht, dass sie sich vergeblich aufrieben. Ich musste ihnen helfen, zumindest ein bisschen.

Letztlich hatte ich es schon früh begriffen: In meiner Familie übten praktisch alle den gleichen Beruf aus; wir waren alle »Schleusenwärter«, von Vater zu Sohn, von Mutter zu Tochter, jede und jeder auf seine Weise. Mit echten oder gefälschten Papieren, mit Worten oder ohne versuchten wir nach Kräften, Schutzwälle zu errichten, nicht ahnend, dass wir keine Chance hatten. Nicht den Hauch einer Chance.

So erschien meine Großmutter mitten in unserem Gespräch und sagte in ihrem aparten, von einem osteuropäischen Akzent durchzogenen Französisch zu mir:

»Meydele, warum suchst du deine Antworten in französischen Büchern? Mit welchem Ziel?«

Sie glaubte fest an die Notwendigkeit, im Leben ein Ziel zu haben, auch wenn ich, um ehrlich zu sein, nie wusste, welches das ihre war. Meines bestand darin, nicht zu lachen, als sie sich mit ihrem starken Akzent an mich wandte. Während ich ihr zuhörte, versuchte ich verzweifelt, den Lachkrampf zu unterdrücken, der uns überkommt, wenn wir kurz davor sind, zu weinen. Sie sollte auf keinen Fall den Eindruck haben, dass ich mich über sie lustig machte. Ich hielt die Schleusen fest geschlossen.

»Sheyn, also sag schon ... mit welchem Ziel?«

Ich sagte gar nichts. Da wandte sie sich meinem Großvater zu und fragte ihn in ihrem bröckelnden Französisch entschlossen:

»Missiéy, das Frankreich, das ihr so liebt, mit all seinen schönen Büchern und seiner Kultur, das Frankreich von Victor Hugo und Albert Camus, mag die Juden auch nicht lieber als die Gegend, in der ich geboren bin. Was glaubt ihr denn? Die Grammatik rettet euch sicher nicht ...«

Ich begriff, dass es in diesem Gespräch zwischen meinen verstorbenen Großeltern eine Panne gab. Etwas »Peinliches«, wie meine Kinder sagen würden. Natürlich waren meine Kinder noch nicht auf der Welt gewesen, als meine Großeltern in meinem Beisein ein solches Gespräch hätten führen können, ein Gespräch, das sie – mit mir oder ohne mich – nie begonnen hätten, auch wenn es rein theoretisch möglich gewesen wäre. Oy vey, ein generationenübergreifendes Chaos!

Mein Großvater, ein französischer Jude, der von Nichtjuden

gerettet worden war, und meine Großmutter, eine staatenlose Jüdin, die keineswegs von Nichtjuden gerettet worden war, hätten nie so miteinander gesprochen. In dem – höflichen oder resignierten – Schweigen jener Unterhaltung, die sie in Wirklichkeit nie miteinander geführt hatten, verbarg sich vieles: zu viel Klassenverachtung, zu wenig gemeinsame Worte, und vor allem viel zu viel Unsagbares, als dass sie für ihren Schmerz die passenden Worte hätten finden können.

Zu Lebzeiten waren sie nie richtig miteinander im Gespräch gewesen. Ich will mich klar ausdrücken: Wenn sie heute hier miteinander sprechen, obwohl sie schon lange tot sind, dann nur deshalb, weil die Abwesenden immer gesprächiger sind als die Anwesenden. Wiedergänger haben ein flinkes Mundwerk, zumal, wenn es ihnen nicht gelungen ist, sich zu Lebzeiten angemessen zu äußern. Das trifft erst recht zu, wenn die Geschichte sie herzitiert und sie ihrem Ruf folgen. Und am 7. Oktober, daran ist nicht zu rütteln, hat die Geschichte ihnen eine unmissverständliche Vorladung geschickt. Sie hat sie antanzen lassen, und sie erschienen auf der Stelle in meinem Kopf.

III

Gespräch mit
der jüdischen
Paranoia

Seit dem 7. Oktober füllt sich die Welt rings um mich mit Menschen, die mit ihren lebenden Eltern oder verstorbenen Großeltern ungefähr das gleiche Gespräch führen wie ich. Die bewussten oder verdrängten Zwiegespräche mit den vergangenen Generationen häufen sich. In den Köpfen oder Träumen, in den Synagogen, sogar auf der Couch der Psychoanalytiker. Sie nehmen am helllichten Tag die Gedanken in Beschlag oder spuken nachts durch unsere Träume. Und ich selbst verbringe viel Zeit damit, mir lauter miteinander korrespondierende Geschichten anzuhören, Überbleibsel vererbter Traumata.

»Madame la Rabbine, ich muss mit Ihnen sprechen«, sagen sie.

»Mein (wahlweise) Vater/Großvater hat immer zu mir gesagt: ›Das kommt wieder, denk bloß nicht, dass du vor der Katastrophe sicher bist ...‹ Daran habe ich natürlich nie geglaubt. Meinen Sie denn, dass er recht hatte?«

Oder aber:

»Meine (wahlweise) Mutter/Großmutter hat immer zu mir gesagt: ›Mach dir keine Sorgen, die Welt hat es jetzt begriffen: Du kannst unbesorgt sein.‹ Glauben Sie denn, dass sie falschlag? Dass sie mich belogen hat?«

Ich höre mir die Ängste und Sorgen Hunderter von Menschen an oder Berichte über die sonderbarsten Gespräche. Manchmal führen die Leute sie mit ihren eigenen Kindern:

»Ich klopfe an die Tür und sage: ›Du nimmst sofort diesen Davidstern von deiner Halskette, hörst du? Sonst ... das Abendessen ist in zehn Minuten fertig.«

Manchmal sind die Gespräche weniger persönlich – und ebenso absurd:

»Jetzt klopft die Polizei bei mir an die Wohnungstür und sagt: Wenn Sie vielleicht schnell die Mesusa abnehmen würden, die da hängt? Und ... äh ... vielleicht könnten Sie ja auch den Namen auf dem Briefkasten ändern? Das dauert bestimmt nicht länger als zehn Minuten und würde Ihre Nachbarn sicher beruhigen.«

Ich höre zu und verschweige geflissentlich die Gespräche, die ich selbst mit meinen quicklebendigen Kindern oder meinen mausetoten Großeltern führe. Wohlweislich verschweige ich den Besuch der Polizei bei mir oder ihren Vorschlag, ich solle doch künftig unter einem anderen Namen ein Taxi oder einen Tisch im Restaurant reservieren. Ich sage nicht, dass wir mit meinen Kindern oft Folgendes spielen: Wir denken uns Listen mit absurden Namen aus, die ich in Zukunft benutzen könnte, um eine Reise zu buchen oder online eine Bestellung aufzugeben. Dabei greifen wir oft auf Namen von Schriftstellern oder Schauspielerinnen zurück. In den letzten Wochen hieß ich im Taxi zum Beispiel Sylvia Stallone und beim Japaner Jeanne Wayne. Bevorzugt suchen wir uns amerikanische Stars aus, die in der Lage sind, den Planeten zu retten oder der ganzen Welt die Fresse zu polieren. Wie hinreichend bekannt, sind Juden ja ausnehmend mächtig: Sie regieren über die Finanzen, die Medien und vor allem über Hollywood. Insofern sehe ich nicht ein, warum wir uns zurückhalten sollten. Ach ja, wenn ich könnte, würde ich dieses Buch unter Pseudonym veröffentlichen. Superman? Batman? Spiderman? Das klingt natürlich zu jüdisch. Ich überlege mal, ob ich etwas Neutraleres finde.

Mir fällt hier der berühmte jüdische Witz ein, in dem ein Herr Katzman um jeden Preis seinen Namen ändern will, um seine Familie zu schützen und weniger jüdisch zu wirken. Er geht also aufs Standesamt, um seinen Nachnamen französisieren zu lassen. Der Sachbearbeiter schlägt ihm naheliegenderweise vor, »Katz« mit »chat« und »man« mit »homme« zu übersetzen. Und Herr Katzman ist rundum beruhigt, dass er von jetzt an (S)Chalom heißt.

Denen, die zu mir kommen, erzähle ich diesen Witz nicht. Auch von meinen eigenen Ängsten gebe ich nichts preis. Ich sage ihnen nicht, wie stark meine Paranoia geworden ist oder weshalb ich überall nur noch »Juden« sehe. Keine jüdischen Menschen, sondern das Wort »Juden«. Seit dem 7. Oktober hat sich bei mir eine komische halluzinatorische Wahrnehmung verfestigt, die zugleich visueller und akustischer Art ist. Ich mache mir ernsthafte Sorgen deswegen. Ich sehe das Wort überall geschrieben, und ich höre es ständig in Gesprächen, obwohl es gar nicht benutzt wird.

Manchmal taucht es plötzlich wie aus dem Nichts auf der Straße auf. Es muss nur jemand »Jubel« oder »Bude« sagen, schon zucke ich zusammen und spitze die Ohren. Ich würde meine Hand dafür ins Feuer legen, dass er »Jude« gesagt hat. Ich konzentriere mich, um genauer hinzuhören. Meine Ohren sind so ausgeprägt, dass ich mit Sicherheit irgendwann aussehen werde wie eine antisemitische Karikatur. Auf diesen Bildern haben wir außer einer großen Nase und gekrümmten Fingern oft auch riesige Ohren.

Damit nicht genug: In Zeitungen, in Büchern oder auf Werbeflächen, in meinem gesamten Blickfeld, registriere ich alles, was in irgendeiner Weise mit dem Schlüsselwort zu tun hat: Ob »Jugend«, »Juckreiz« oder »Jude Law«, ich zucke zusammen und brauche jedes Mal ein paar Sekunden, um mich wieder zu beruhigen und meine Angst in den Griff zu bekommen.

Das ist grotesk, ich weiß. Dabei bin ich nicht die Einzige, die unter solchen halluzinatorischen Symptomen leidet. Freunden von mir ergeht es ähnlich. Und ich weiß, dass zahlreiche frühere Generationen das gleiche Krankheitsbild zeigten: Autoren, Intellektuelle, Dichter. Albert Cohen etwa berichtet davon in seinem autobiografischen Buch *Oh, ihr Menschenbrüder*. Er erzählt, wie ihn an seinem zehnten Geburtstag ein Straßenhändler auf dem Markt als »dreckigen Juden« tituliert hatte, und reflektiert, welche Auswirkung diese Beschimpfung auf sein Leben hatte:

Von dem Tag des Straßenhändlers an habe ich keine Zeitung mehr in die Hand nehmen können, ohne sofort das Wort zu finden, das mir sagt, was ich bin, sofort und auf den ersten Blick. Und ich finde sogar die Worte, die dem schrecklichen, schmerzhaften und schönen Wort Jude oder juif gleichen, ich finde sofort juin und suif und im Englischen finde ich sofort few, dew, jewel. Genug davon.

»Genug«, schreibt Cohen, der nur zu gut weiß, dass es nie genug sein wird. Weder für ihn noch für die anderen. Die paranoide Halluzination wird immer wieder in unsere Leben einbrechen. Schlicht und einfach deshalb, weil das auslösende Moment nie verschwinden wird.

Die Halluzination erzählt von der Angst und vom Bewusstsein der Bedrohung. Die Welt versteht das nicht und wird es auch nie verstehen, das weiß ich. Beim Lesen dieser Zeilen werden die meisten, noch so wohlgesonnenen Lesenden sagen:

»Was für eine groteske Krankheit! Entspannt euch doch endlich!«

Jemand, der diese Angst nicht geerbt hat, kann nicht verstehen, was sie heraufbeschwört und was sie auslöst.

Jemand, der meint, dass Wörter nur Wörter sind, der nicht weiß, dass sie töten können, der sich nicht vorstellen kann, dass ein auf dem Markt hervorgeschleudertes »dreckiger Jude« die Tötungsmaschine in Gang setzen kann – der wird es nicht verstehen. Er wird sich entspannen können. Wir auch? Ich bezweifle es stark.

Ich sehe deutlich, dass diese Verständnislosigkeit überall um sich greift. Manchmal verbirgt sie sich in unserem Zuhause oder in unseren Schlafzimmern. In den letzten Wochen höre ich sie wieder und wieder aus dem Mund derer, die mit ihr konfrontiert sind:

»Madame la Rabbine, ich muss mit Ihnen sprechen. Mit (wahlweise) meinem Mann/meiner Frau läuft es im Moment *überhaupt* nicht … Ich wundere mich, dass er/sie meine Angst nicht versteht. Warum sagt er/sie mir, dass ich übertreibe? Warum denkt er/sie, dass ich an Paranoia leide?«

Solche Ehekrisen sind nicht neu, aber sie sind auf einmal eng mit den gemischten Beziehungen verknüpft. An meine Bürotür klopfen jüdische Eheleute, deren Partnerin nicht jüdisch ist, oder aber Nicht-Juden, die verstehen möchten, was ihr Partner durchmacht. Sie sagen mir, wie stark sich ihre derzeitige Krise um das Judentum dreht. Sie, die sich bisher kaum jüdisch gefühlt hatten, nicht in die Synagoge gingen, keiner Gemeinschaft angehörten, die glaubten, dass das Judentum des anderen keine große Rolle spiele, dass sie oder er letztlich so jüdisch auch wieder nicht sei – sie alle sagen mir: »Just jetzt bitten wir die Jugend, leiser zu jubeln und zu juchzen ... und es dröhnt mir in den Ohren: Die Juden sind überall ...«

Diese Feststellung ist ebenso einfach wie unwiderruflich. Die Angst ist wieder erwacht, gleichzeitig mit unseren Gespenstern. Sie spukt durch unsere Gespräche mit den Lebenden und den Toten. Sie führt Dialoge mit nahestehenden oder wildfremden Menschen. Und wie immer im Laufe der Geschichte sagt uns die Welt ringsherum: »Hört auf, die Lage zu dramatisieren. Achtung, euer Trauma will sich Gehör verschaffen. Blast die Fakten nicht auf. Beruhigt euch. Alles wird gut.«

Die Welt versucht, uns zu beruhigen. Das ist nett von ihr. Ausgesprochen nett sogar! Und wir würden so gern daran glauben. Uns in ihre Arme schmiegen und uns in Sicherheit wissen. Aber das Gespräch mit der Vergangenheit dröhnt so laut, dass kaum etwas anderes zu vernehmen ist. In unserem Kopf herrscht ein Höllenspektakel. Und wir sind gezwungen, unsere Selbstkonstruktion zu überdenken, müssen Familienlegenden und Narrative, in deren Schatten wir lange Schutz gesucht haben, dekonstruieren.

Ich zum Beispiel glaubte, mit der Geschichte meiner Eltern im Reinen zu sein.

Ein bisschen wie bei einem Quartettspiel meinte ich, genau zu wissen, welche Karten ich in der Hand hielt.

In der Familie meines Vaters, den laizistischen und republikanischen Israeliten, frage ich nach den Großeltern. Glück gehabt: Alle sind da. Sie sind nicht deportiert worden und stolz auf ihre Geschichte: von Gerechten gerettet und den Nicht-Juden, die für sie ihr Leben aufs Spiel gesetzt haben, zu ewigem Dank verpflichtet.

Ich darf weiterfragen.

In der Familie meiner Mutter, die aus den Karpaten immigriert und aufgrund des Völkermords durch Zufall in Frankreich gelandet war – ohne Eltern oder Kinder, die sämtlich in den Schornsteinen von Auschwitz zu Asche geworden waren –, frage ich nach den Großeltern. Hallo ... ist da jemand? Ich frage noch einmal. Schweigen. Stimmt, das ist ja ihre Art zu sprechen.

Sie schweigen über das, was ihnen wirklich widerfahren ist. Über die, die gestorben sind, und über die hochdosierten Antidepressiva, die sie nehmen, um die Erinnerung daran zu betäuben. Und so herrscht auf immer und ewig Argwohn. Wie könnte es anders sein? Wer kann dem nicht-jüdischen Wort glauben, das denunziert und gemordet hat? Wer könnte noch Vertrauen haben?

Ich muss eine Runde aussetzen.

Bei diesem merkwürdigen Familien-Quartett begriff das Kind, das ich war, schnell, dass die anderen am Tisch nicht die gleichen Regeln befolgten. Im Spiel meines Großvaters war viel Herz enthalten, Vertrauen in den anderen; in einen Nachbarn, einen Unbekannten, der bereit war, für andere ein Risiko einzugehen.

Im Spiel meiner Großmutter alles Pike! Und es fehlten viel zu viele Karten, als dass wir hätten hoffen dürfen, eines Tages die Partie zu beenden. Bei jeder dieser Karten war eine permanente, allgegenwärtige Angst spürbar: die Angst, ein vertrauter oder unbekannter Nachbar, jemand, der zuverlässig gewirkt hatte, könnte einen am nächsten Tag theoretisch umbringen. Damit brachte man keinen Stich zustande.

Schon sehr früh verstand ich, dass ich ein gezinktes Spiel in der Hand hielt. Manche Karten sagten »Hab Vertrauen«, andere wiederum »Sei auf der Hut«. So tat ich, was ich konnte, um meine eigenen Regeln zu erfinden.

Ich habe immer gewusst, dass ich im Schatten zweier Geschichten aufwuchs, die gegensätzlicher nicht sein konnten; dass ich rittlings auf zwei unversöhnlichen Erzählungen saß. Im Spalt zwischen diesen Welten versuchte ich, meinen Platz zu finden, und ich fahndete nach Trümpfen, um weder die einen noch die anderen zu verraten.

Heute verstehe ich, dass ich all die Jahre über getan habe, was in meiner Macht stand, um die erste Stimme, die des Vertrauens, lauter erklingen zu lassen, damit sie die zweite Stimme, die Stimme der Verzweiflung, übertönte.

Ich baute Brücken und öffnete nun meinerseits Schleusen. Ich schrieb Bücher und sprach Worte der Öffnung, ich machte meine Welt, einschließlich meines Judentums, zum Ort sämtlicher Begegnungen, zum Boden sämtlicher Dialoge mit den anderen.

Aber ... aber ... seit einigen Wochen hat meine Großmama wieder an Einfluss gewonnen. In meinem Quartettspiel gibt sie den Ton an. Ich kann nichts dagegen tun. Auch wenn ich ihr sage, dass sie still und diskret bleiben soll, wie sie es ihr ganzes Leben lang war, ist ihre Stimme plötzlich nicht mehr zu überhören.

»Großmama, du bist jetzt schon so lange tot. Erklär mir doch bitte mal, woher du die Kraft nimmst, so laut in meinem Kopf zu brüllen?«

»Meydele, du übertreibst. Ich habe mich nicht verändert. Meine Stimme ist wie vorher. Deine Ohren sind bloß nicht mehr verstopft. Jetzt kannst du mich hören ... genauso wie du mich als kleines Mädchen gehört hast und wortlos alles verstanden hast. Erinnerst du dich an die Wiegenlieder, die ich für dich gesungen habe? Erinnerst du dich? Darin war schon alles enthalten ...«

Es stimmt, meine Großmama sprach nicht viel, aber manchmal sang sie mir jiddische Wiegenlieder vor. Ich verstand kein einziges Wort, aber jedes Mal, wenn die Melodie anhob, bebte die ganze Welt um mich herum. Und als sie jetzt auf einmal in meinem Kopf zu singen begann, erkannte ich das Lied sofort wieder. Das war nicht schwer, denn das hier kannten wirklich alle.

»Donna donna donna donna … donna donna donna do …«, sang meine Großmutter.

»Du bringst alles durcheinander, Großmama. Das ist doch kein jiddisches Lied, das ist von Claude François. Ein hundertprozentig französischer Schlager. Im Refrain heißt es: ›Du wirst die Zeit bereuen … donna donna donna donna … als du ein Kind warst‹.«

»Vos?? Welcher Claude François? Wer ist dieser *ganef*, der anderen ihre Lieder klaut und nicht mal seine eigenen zustande bringt?«

»Keine Sorge, Großmama, ›Donna Donna‹ ist ein Klassiker des französischen Chansons.«

»Und seit wann bitte? Nein, Meydele, Unsinn: Das ist ein jiddisches Lied. Er hat es uns bloß geklaut, basta. Weißt du, was dieses Lied auf Jiddisch bedeutet, Meydele? Nein? Dann hör mal gut zu.«

»Großmama, ich verstehe kein Jiddisch.«

»Ts-ts-ts. Jetzt hör schon.«

Und sie begann zu singen:

Oyfn furl ligt dos kelbl
Ligt gebundn mit a shtrik
Hoykh in himl flit dos shvelbl
Freyt zikh, dreyt zikh hin un krik …

Auf einem Karren liegt ein Kälbchen
ist gefesselt mit 'nem Strick.
Hoch am Himmel fliegt ein Schwälbchen,
Freut sich, dreht sich hin und zurück.

»Großmama, hör auf, das ist ja grotesk. Ich glaube, da ist mir der Text von Claude François noch lieber: die Geschichte von dem kleinen Jungen, der weiß, dass er sich eines Tages, wenn er alt sein wird, nach dem Glück seiner Kindheit sehnen wird ...«

»Aber das ist doch völliger Stuss, Meydele!«

»Nein, Großmama, das ist schön. Es erzählt vom Glück und der Unbeschwertheit der Kindheit ...«

»Oy vey ... Was für ein Glück? Welche Unbeschwertheit? Willst du wirklich, dass ich dir von meiner Kindheit erzähle?«

»Ja, das fände ich toll.«

»Ausgeschlossen. Das mache ich bestimmt nicht. Das habe ich schon zu Lebzeiten nicht gemacht. Warum soll ich dir jetzt davon erzählen, wo ich tot bin? Ich will über meine Geschichte, also über deine Geschichte, lieber schweigen. Und überhaupt, was ändert das schon? Du brauchst das nicht, um zu wissen, woher du kommst, oder um die Wahrheit zu erfahren. Und die Wahrheit ist, dass dein Claude François niemanden gefragt hat und einfach den Text von diesem Lied verändert hat, um uns weiszumachen, dass das Leben unbeschwert und nostalgisch ist.«

»Na gut, Großmama, aber dein jiddisches Lied ist auch nicht viel tiefgründiger. Es erzählt von einem Kälbchen auf seinem Karren. Eine nette ländliche Idylle. Aber weiter bringt uns das auch nicht. Wo fährt dieses Kälbchen überhaupt hin? Das weiß offenbar kein Mensch.«

»Ts-ts-ts, Meydele ... Sag nicht, dass du nicht weißt, wo das

Kälbchen hinfährt. Wo fahren denn alle Kälber der Geschichte hin, wenn sie auf einem Karren liegen?«

Schweigen. Ich sage nichts, weil ich es weiß. Die Kälbchen fahren in allen Epochen – genauso wie die jüdischen Kinder in manchen Epochen – immer an den gleichen Ort: nach *Pitchipoi*, die Endstation sämtlicher Karren.

»Oy a brokh', mein Meydele ... siehst du, du kennst sie auch, diese Geschichte. Dann hör doch mal, was sie wirklich sagt. Nicht die goische Variante von Claude François, sondern die richtige:

Shrayt dos kelbl, zogt der poyer
»Ver zhe heyst dikh zayn a kalb?
Volst gekent tsu zayn a foygl
Volst gekent tsu zayn a shvalb?«

Das Kälbchen schreit, und der Bauer sagt:
»Wer hat dir gesagt, dass du ein Kalb sein musst?
Du hättest ja auch ein Vogel sein können,
du könntest doch auch eine Schwalbe sein!«

»Aber das ist ja ein schreckliches Lied, Großmama. Es ist so grausam.«

»Oy vey, und das Leben, was meinst du denn, wie das ist? Na? Was meinst du??«

Ich sehe, wie sie sich in Rage redet. Dabei wollte ich sie nicht zur Verzweiflung bringen. Einfach nur in den Arm nehmen.

»Sag, Großmama, warum halten die Bauern den Karren nie auf? Glaubst du, es gibt im Laufe der Geschichte nie jemanden, der die Kälbchen rettet? Wirklich nie?«

»Aber doch, Meydele, hör gut hin: Das Lied sagt es dir. Es

gibt jemanden, der das Kälbchen retten kann, nämlich donna donna donna.«

»Wie bitte? Wer soll das denn sein? Woher kommt der denn?«

»Wer das sein soll? Oy vey, das weiß keiner ... Keiner weiß, ob es ihn wirklich gibt. Noch nicht einmal, ob er auf unser Rufen antwortet oder unsere Gebete erhört. Womöglich antwortet er nicht, weil er kein Jiddisch spricht, dieser Schmock!«

Meine Großmutter lacht und ich bohre weiter:

»Aber ist donna donna donna denn jiddisch?«

»Nein, das ist kein Jiddisch. Das ist nur ein falscher Name, eine falsche Fährte ... eine verschlüsselte Botschaft, um von jemand anderem zu sprechen. Du weißt schon von wem, Meydele!«

»Von Gott? Meinst du Gott, Großmama?«

»Ach wo. Den nennen doch nur die Goijim so, die, die an ihn glauben. Wir, die Jiden, wir geben ihm immer einen anderen Namen. Manchmal nennen wir ihn ADONAI, aber weil wir auf vertrautem Fuße mit ihm stehen und wir schon seit Ewigkeiten mit ihm sprechen, ohne dass er etwas darauf gibt, geben wir ihm hübsche kleine Spitznamen.«

Und Großmama begann wieder zu singen:

»Adonai adonai adooonai ... Adonai adonai do ..., verstehst du jetzt, Liebes? Das Lied ist jiddisch, bevor Claude François einen Goi-Schlager daraus gemacht hat, und es sagt, dass niemand das Kälbchen retten konnte. Dass weder der Bauer noch die Schwalbe jemals irgendetwas tun werden, um dem Kälbchen zu helfen, hörst du. Niemand wird den Karren anhalten, der es nach Pitchipoi bringt. Das steht fest. Gott könnte es retten. Natürlich könnte er allem Einhalt gebieten. Aber wenn Gott in die Geschichte eingreifen würde, wüssten wir das ja wohl, oder, Meydele?«

Meine Großmutter sang weiter auf Jiddisch vor sich hin, und ich richtete meine ganze Konzentration darauf, nicht zu weinen. Denn ich musste die Schleuse fest geschlossen halten und dafür sorgen, dass sie nicht überlief.

Ich musste alles tun, damit die Deiche der Welt, die den Kummer daran hindern, uns zu überfluten, nicht brachen.

IV

Gespräch mit
Claude François

»Meine große Kleine.«

»Ja, Opa.«

»Kennst du die Grammatikregel, der zufolge ...?«

»Ach, Opa, hör auf: Ich hab dich auch lieb und du fehlst mir schrecklich. Wir sind uns nahe, auch ohne Grammatik, ganz bestimmt. Weil wir brauchen sie nicht, um uns zu sagen, was du mir zu Lebzeiten nicht sagen konntest ...«

»Weil leitet einen Nebensatz ein, sodass das konjugierte Verb am Ende steht ... erinnerst du dich?«

»Ja, ich erinnere mich. Schon gut, ich merke, dass es dir wichtig ist. Erzähl mir von deiner Grammatik. Vielleicht hilft es mir ja, an etwas anderes zu denken. Seit dem 7. Oktober gelingt es mir überhaupt nicht mehr, an andere Sachen zu denken.«

»Ich weiß. Hör zu, es geht nämlich um eine Regel des Hebräischen.«

»Des Hebräischen? Ausgerechnet du willst mir Hebräisch beibringen?«

»Ja, denn diese hebräische Grammatikregel ist nahezu universell. Sie könnte auf alle Sprachen zutreffen. Schau, meine große Kleine, im biblischen Hebräisch gibt es eine grammatische Form, die sich ausschließlich auf die Verben bezieht. Sie heißt ›vav ha hipukh‹. Das bedeutet so viel wie ›umkehrender Haken‹.«

»Das hört sich an wie ein Karate-Griff oder eine Bewegungs-abfolge beim Kung-Fu. Ein Ippon.«

»Ja, da ist etwas dran, und du wirst sehen, dass einen das tat-sächlich richtig umhauen kann. Wichtig aber ist vor allem: Die hebräische Konjugation ist ganz einfach.«

Und so trat mein Großvater aus dem Jenseits, in das er sich doch schon seit über dreißig Jahren zurückgezogen hatte, sei-nen Dienst wieder an. Er wandte sich an den staatsbürgerli-chen Rest meines Bewusstseins, um mich in der Konjugation von Verben zu unterweisen.

»Du musst wissen, dass im Hebräischen jedes Verb in der Gegenwart, in der Vergangenheit oder in der Zukunft konju-giert werden kann. Im Gegensatz zum Französischen mit sei-nen drei Vergangenheitstempora gibt es im Hebräischen nur ein Tempus, das etwas bereits Geschehenes beschreibt. Eine abgeschlossene Handlung: Ich habe gegessen, ich habe getrun-ken, ich bin gelaufen ... Das Geschehen liegt bereits hinter mir. Du brauchst nur mich anzusehen: Ich habe ›geleben‹ und bin gestorben. Hahaha.«

»Nun mach schon weiter, Opa.«

»Das Futur wiederum ist ein konjugiertes Verb, das etwas Unabgeschlossenes bezeichnet: ich werde sein, ich werde se-hen, ich werde sagen etc. Aber die Dinge werden kompliziert, weil das Hebräische über ein merkwürdiges grammatikalisches Werkzeug verfügt. Ein winziges Wort, eher sogar ein Buchstabe des Alphabets, der eine beachtliche, frappierende Macht hat.«

»Meinst du nicht, dass du jetzt ein bisschen übertreibst? Beachtlich, frappierend?«

»Warte ab: Dieser Buchstabe heißt Waw und wird ›W‹ aus-gesprochen. Optisch gleicht er einem gekrümmten Stock. Er steht gerade wie eine Eins und bezeichnet auch einen ›Haken‹. Wenn du genau hinschaust, ähnelt er übrigens einem kleinen Nagel. Und stell dir vor, neben einem beliebigen Substantiv wird er immer mit ›und‹ übersetzt. Du weißt schon, diese gleichordnende Konjunktion, die …«

»Opa, bitte, nicht den ganzen Lehrplan der Grundschule. Ich bin doch kein kleines Mädchen mehr.«

»Jetzt wo du es sagst. Der Buchstabe ›Waw‹ meint also das Band, die Beziehung, den kleinen Nagel, der die Dinge miteinander verbindet. Drücke ich mich klar aus? Nun, stell dir vor, je nachdem, ob du ihn an ein Verb anhängst oder an ein Substantiv, hat er eine andere Wirkung. Als Anhängsel eines Verbs verbindet er plötzlich nicht mehr ein Wort mit einem anderen, sondern bekommt eine magische Kraft: Er wird zum Herrn über die Uhren.«

»Wie bitte? Was soll das denn heißen?«

»Ich zeige es dir: Wenn ich auf Hebräisch ›ich habe gesprochen‹ schreibe und einfach das kleine ›w‹ vor das Verb setze – Abrakadabra –, bedeutet mein Satz auf einmal ›ich werde sprechen‹. Genauso funktioniert es, wenn ich einen Satz im Futur schreibe, zum Beispiel ›ich werde sprechen‹, und meinen Zauberbuchstaben vor das Verb setze: Schon habe ich das ›ich werde sprechen‹ in ein ›ich habe gesprochen‹ verwandelt.«

»Aber das ist doch absurd.«

»Absolut. Und wunderbar, oder nicht? Mit einem winzigen Buchstaben lässt sich im Hebräischen die Zeit umkehren. Es genügt, einen kleinen Nagel einzuschlagen, um die Vergangenheit in die Zukunft zu verwandeln und umgekehrt. Verstehst du jetzt, warum diese Regel ›umkehrender Haken‹ genannt wird? Sie stellt für sich genommen die Zeitlichkeit des Satzes auf den Kopf. Jetzt gib zu, dass die Grammatik das Aufregendste der Welt ist!«

»Du hast nach mir gerufen, Meydele?«

»Nein, Großmama, ich habe mich mit Großpapa unterhalten. Er hat mir gerade eine großartige Regel erklärt.«

»Ach, schön ... Ich habe ›Großmamas Regel‹ gehört. Und da dachte ich ...«

»Sag, kennst du die Regel vom ›umkehrenden Haken‹ im Hebräischen, die die Vergangenheit zur Zukunft macht und die Zukunft zur Vergangenheit?«

»Natürlich kenne ich die. Ja, und? Was ist daran so besonders?«

»Na ja, es ist doch schon ziemlich erstaunlich, dass ...«

»Ach ja? ... Findest du? ... Und warum? ... Das ist doch immer so im Leben, oder nicht?«

»Wie bitte?«

»Na, der Haken stellt doch immer eine Verbindung zwischen Vergangenheit und Zukunft her. Was geschehen ist ... wird immer wieder geschehen. Wenn es in der Vergangenheit passiert ist, warum sollte es dann später nicht wieder passieren? Man muss schon ein arger Schmock sein, um zu glauben, dass alles, was danach passiert, nichts mit dem zu tun hat, was davor passiert. Es ist immer derselbe Nagel, das siehst du doch ...«

»Großmama, ich verstehe nicht, was du meinst. Wir reden doch hier von Grammatik.«

»Genau. Die Grammatik des Hebräischen besagt, dass es eine Verbindung gibt, einen Haken zwischen dem, was wir in der Vergangenheit erlebt haben, und dem, was heute geschieht, das ist alles. Man wiederholt immer irgendetwas, weil man glaubt, dass man es noch nicht gesagt hat. Aber die Vergangenheit vergeht nie. Das weißt du doch selbst ... sonst wären dein Großvater und ich gar nicht hier in deinem Kopf. Du hast uns da festgenagelt. Und zwar nicht, damit wir dir von der Vergangenheit erzählen: Du weißt ja, dass ich dir nichts darüber sagen werde …, sondern damit wir dir sagen, was danach geschieht. Das ist alles. Deshalb redest du jetzt auch schon seit Wochen ständig mit uns. Siehst du. Weil es sich wiederholt, zu jeder Zeit.«

»Weil es sich wiederholt?«

»Ja, es wiederholt sich … Meydele, Meydele, Meydele … Weißt du was: Das ist genauso wie in dem Lied, das du so magst. Weißt du? Wie heißt noch mal der Goi, der es singt?«

»Wer denn, Großmama?«

»Ach, du weißt schon, der Typ, der gestorben ist, als er eine Glühbirne auswechseln wollte …«

»Claude François?«

»Genau. Claude François.«

»Ach nee, Großmama, fängst du schon wieder damit an? Und was hat das überhaupt mit Claude François zu tun? Wir haben doch schon über seinen Song gesprochen, über die Kälber und das Schlachthaus. Das reicht …«

»Nein, ich meine nicht dieses Lied. Er hat noch ein anderes gesungen. Ein ganz bekanntes. Weißt du, darin heißt es, dass etwas geschehen ist und wieder geschehen wird … Wie in der Grammatik halt. Ein kleines ›waw‹, und schwupp, schon wird die Vergangenheit zur Zukunft. Im Grunde verstehst du doch sofort, was er in seinem Lied sagen will: Er spricht von uns, von den Jiden. Na ja, von denen, die uns hassen, von den Antisemiten, die uns immer wieder an den Kragen wollen … weil das eben nie aufhört.«

»Hör bitte auf, so einen Unsinn zu erzählen, Großmama. Claude François hat nie etwas darüber geschrieben.«

»Doch … Er war nur sehr schlau, dieser *Mamser* … na ja, bis zu dem Moment, als er von der Badewanne aus eine Glühbirne auswechseln wollte. Aber davor war er ziemlich gerissen, so ein Lied zu singen und zu tun, als ginge es darin um etwas anderes. Aber wenn du genau hinhörst, verstehst du sofort, wovon er spricht.«

»Puhhh. So ein Quatsch …«

»Schön, du willst es nicht wahrhaben. Dabei siehst du es doch: Er wird von lauter kleinen Claudes/Claudines umringt, er trägt Kleider mit Pailletten und dann hüpft er herum und singt: ›*Et ça s'en va et ça revient / c'est fait de tout petits riens*‹ … Ha, da siehst du doch, dass er vom Antisemitismus redet: ›Und es geht und kommt zurück / ist aus Winzigem gemacht‹. Du glaubst, es ist vorbei damit, dabei kommt er immer wieder. In dem Lied geht es um uns, Meydele. Worum soll es denn sonst gehen?«

V

Gespräch mit
den Antirassisten

»Et ... ça s'en va et ça revient /c'est fait de tout petits riens / ça se chante et ça se danse / Et ça revient, ça se retient / Comme une chanson populaire.« »Und es geht und kommt zurück / Ist aus Winzigem gemacht / Wird gesungen und getanzt / Und es kommt zurück und bleibt im Kopf / Wie ein immer gleiches Lied.« Na toll: Jetzt hab ich ständig diese Melodie im Kopf.

Unglaublich, was für ein Ohrwurm dieser Song ist. Er ist überhaupt nicht gealtert. Im Gegenteil: Er ist immer noch sehr populär und im Moment sogar sehr populistisch. Ein weltweiter Hit. Nummer 1 der Top 50 der Hasslieder, nach der die Welt tanzen will.

Die Antisemiten machen ihre Sache wirklich gut. Sie nehmen alles in Beschlag, sogar Schlagerrefrains oder Werbeslogans. Sie sind omnipräsent. Und ihr Marketing ist extrem erfolgreich.

Sehen Sie nur, was sie mit einem kleinen, selbstausgedachten Wort alles gemacht haben: »Antisemitismus«.

Im 19. Jahrhundert sagte sich einer von ihnen, ein gewisser Wilhelm Marr: »Wie schade, dass wir keine Bezeichnung für unser humanistisches Engagement zugunsten einer besseren Welt haben.« Und mir nichts, dir nichts gab er seiner Partei den Namen »Antisemitenliga«, um sie den Wählern schmackhaft zu machen. Ausgehend von einer nebulösen Anspielung auf die

Semiten, eine biblische Familie, die vage an etwas Barbarisches, Rückständiges erinnerte, bastelte er dieses Wort zusammen. Und, Bingo, die Sache lief wie geschmiert und wurde zu einem riesigen Geschäftserfolg: Die Marke wuchs und eröffnete weitere Niederlassungen.

Tatsächlich gab es das Konzept schon lange vor Wilhelm Marr, Jahrtausende bevor er sein eigenes *branding* auf den Markt brachte, nur fehlte ihm noch ein schöner Name. Antisemitismus – raffiniert und schlicht zugleich. Keine Frage, das Konzept war attraktiv, die Kundschaft motiviert. Wie zum Beweis findet es immer noch überall Absatz. Unbemerkt setzt die Marke ihren weltweiten Siegeszug fort. Ein echtes Monopol.

Einhundertfünfzig Jahre später benutzen wir alle genau dieses Vokabular. Wir tun so, als wären die Worte geschichtslos. Absurd. Wir tun so, als steckte nicht die Ideologie ihrer Schöpfer darin. Vielleicht sollten wir diese Bezeichnungen boykottieren oder sie wenigstens auf Distanz halten, sollten von den hasserfüllten Wortschöpfern abrücken. Doch das ist leichter gesagt als getan.

Vielleicht sollte man in diesem Fall andere Bezeichnungen bevorzugen. Denkbar wäre zum Beispiel, das Wort durch »Judeophobie« zu ersetzen. Aber auch das wäre problematisch. Warum sollte der Judenhass phobisch sein? Welche Angst würde er bezeichnen? Das bleibt ein Rätsel. Seit zweitausend Jahren werden Bücher geschrieben, um ihm auf den Grund zu kommen, jedoch ohne Erfolg: Er bleibt unergründlich.

Was »jüdisch sein« bedeutet, ist letztlich auch nicht klarer, als was »die Juden hassen« bedeutet. Man weiß lediglich, dass sich das Judentum durch die Mutter überträgt und der Antisemitismus durch Bitterkeit, eine Verbitterung, die sich durch nichts mildern oder erklären lässt. Weiß der Henker, ob das ansteckend oder heilbar ist. Puhhh ...

Allerdings wissen wir sehr gut, dass dieser Hass keinem anderen gleicht. Rassisten zum Beispiel hassen Schwarze, Chinesen, Rothaarige oder Gewichtheber – das ist ebenso abstoßend wie erbärmlich. Doch dieser Hass liefert ihnen grundsätzlich keine Erklärung der Welt. Er erlaubt ihnen nicht, deren Krisen oder Niedergang zu verstehen. Er wird ihre existenziellen Zweifel nicht ausräumen können. Der Antisemitismus hingegen hat schlagendere Werbeargumente, deswegen verkauft er sich auch so gut:

»Bitte einmal hergeschaut, meine Damen und Herren, sehen Sie, was ich Ihnen zu bieten habe. An meinem Stand finden Sie keinen Ramsch, sondern ein solides Produkt, das Sie aufbewahren und mit ein bisschen Glück in bestem Zustand an Ihre Kinder weitergeben können. Dieses magische Produkt, das Sie alle brauchen, auch wenn Sie noch nichts davon wissen, nennt sich Judenhass. Sie kriegen es mit zahlreichem Zubehör. Wenn Sie sich für den Judenhass entscheiden, meine Damen und Herren, bekommen Sie im Gegenzug ein geniales Welterklärungsmuster. Mit dem Hass auf die Juden verfügen Sie über eine Lösung für alles Unglück dieser Welt, außerdem über einen hochwirksamen Fleckentferner, um sich zulasten anderer von jeder persönlichen Verantwortung reinzuwaschen. Mit diesem Hass, der praktisch umsonst zu haben ist, erwerben Sie sich unmittelbar ökonomisches und geopolitisches Expertenwissen, manchmal sogar solide virologische Fachkenntnisse. Sie werden begreifen, warum der Weltmarkt einbricht, warum die Bank Rothschild die Fäden der weltweit agierenden Lobbys in der Hand hält, warum die Medien die Wahrheit verschweigen und Covid sich immer weiter ausbreitet. Vor allem durchschauen Sie, wer eigentlich die

Gewinne einstreicht. Allein mit dem Hass auf eine winzige, zersprengte Gruppe, die für die ausgeklügeltsten Machenschaften verantwortlich ist, vereiteln Sie Verschwörungen auf der ganzen Welt. Meine Damen und Herren, manche Spielsachen werden ohne Batterien verkauft, aber der Judenhass wird mit einem leistungsstarken Akku zur Erklärung der Welt frei Haus geliefert, jederzeit aufladbar, besonders in Krisenzeiten. Zögern Sie nicht länger, liebe Kunden. Kommen Sie näher. Bald ist Weihnachten.«

Die Szene ist nicht neu. Sie ist schon von zahlreichen früheren Generationen erlebt worden, an den verschiedensten Orten und zu unterschiedlichen Zeiten. Der kleine Albert Cohen zum Beispiel erzählt von dem Tag, an dem er seinem persönlichen Straßenhändler über den Weg gelaufen ist. Er stellt fest, wie stark diese erschreckende Begegnung just an seinem zehnten Geburtstag den späteren Mann und Schriftsteller geprägt hat. In seiner Erzählung *Oh, ihr Menschenbrüder* erinnert sich Cohen an die Worte des Straßenhändlers vor einer ausgelassenen Menschenmenge, die sich über das gedemütigte jüdische Kind amüsierte. Und immer wieder spult dieser Straßenhändler in seinem und unserem Kopf folgende Worte ab:

> *du bist'n dreckiger Jude ... die schwimmen im Geld und rauchen dicke Zigarren, während wir uns den Gürtel enger schnallen, nicht wahr, meine Damen und Herren? ... los, verschwinde, mach' dich auf den Weg, geh' nach Jerusalem und schau, ob ich da bin*

Wie sollten wir sie nicht hören? Der Ramsch, den die Verkäufer des Judenhasses heutzutage unter die Leute bringen, ist der gleiche. Sie verkehren auf den gleichen Märkten, sie stehen an den gleichen Ständen, sie locken die ausgelassenen Menschenmengen mit den gleichen Produkten und, fast Wort für Wort, mit den gleichen Sprüchen. Fast ... denn zu Zeiten Albert Cohens oder Wilhelm Marrs riet man den Juden, sie sollten »sich nach Jerusalem verziehen« oder, wenn sie bereits dort waren, »nach Palästina abhauen«, um Europa von ihrer Anwesenheit zu befreien. Heute schreit man ihnen genau das Gegenteil zu: »Raus aus Jerusalem« oder »Befreit Palästina« – von eurem Körper, von eurer Geschichte oder, besser noch, von eurem Leben.

Ein weiterer Unterschied: Früher drehte der Händler den Leuten gleichzeitig antisemitischen Ramsch und rassistischen Nippes an. Sein Hass wartete mit einem reichhaltigen Angebot auf, es war immer für alle etwas dabei. Heute ködert er den Kunden paradoxerweise oft im Namen seines Antirassismus. An seinem Stand gibt es massenweise Schutz für Witwen und Waisen, Hilfe für Mittellose und Benachteiligte, und genau dieses wache Bewusstsein für das Schicksal der Unglücklichen ermächtigt ihn, in aller Rechtmäßigkeit und Würde einem jüdischen Kind ins Gesicht zu spucken oder sein Foto von einer Wand zu reißen, wo es sich erdreistet hatte, der Welt seine Entführung in Erinnerung zu rufen.

»Aber das ist doch was völlig anderes«, rufen die guten Seelen. »Das ist nur antizionistisch. Wir haben es nicht auf die jüdischen Kinder abgesehen, nur auf die israelischen.« Na, dann ist ja alles gut, die sind bestimmt an etwas schuld.

Es ist zwar schon gesagt worden, aber manchmal muss man die Dinge einfach wiederholen. Vor allem wenn die Geschichte selbst ins Stottern gerät: Rassismus und Antisemitismus müssen immer gleichzeitig bekämpft werden, mit ungebrochener Energie. Es ist schändlich, das eine gegen das andere auszuspielen. Und doch kann bei ihrer Bekämpfung die Erkenntnis hilfreich sein, dass sie nicht der gleichen Denkstruktur entspringen.

Nehmen wir zum Beispiel die Rassisten. Im Allgemeinen sagen sie: »Ich bin mehr oder ich bin besser als du, denn du hast weder die richtige Nationalität noch die richtige Kultur. Deine Zivilisation kann meiner nicht das Wasser reichen.« Der Einwand der Antisemiten dagegen ist etwas anders gelagert: »Warum bist du da, wo eigentlich ich sein sollte? Warum hast du das, was eigentlich ich haben sollte? Macht, Geld, Land, Glück etc.«

Wie ein Calimero der Geschichte, nur ungleich unsympathischer als die Zeichentrickfigur aus unseren Kindheitstagen, wiederholt der Antisemit vor jedem, der es hören will: »Das ist einfach zu ungerecht!« In seinem Hass empfindet er sich als Opfer einer schrecklichen Ungleichheit. Ihm fehlt etwas, das ein anderer beschlagnahmt oder sich widerrechtlich angeeignet hat. Er ist vom Leben oder von seinem Nachbarn betrogen worden, vom Liebhaber seiner Frau, von seinem Bankier oder von Gott – ganz gleich. Doch er weiß nur zu gut, womit alles angefangen hat. Und während der Rassist an einem Überlegenheitskomplex leidet, nimmt sich der Antisemit umgekehrt als minderwertig und amputiert wahr.

Die gleichermaßen verabscheuenswerten Ausprägungen des Hasses spielen sich demnach nicht exakt in der gleichen mentalen Zone ab. Natürlich lassen sich Rassismus und Antisemitismus auch wunderbar kombinieren, und manche schwelgen nach Herzenslust in beiden Varianten der Abscheulichkeit.

Ich erinnere mich an eine Zeit, die alle Unter-Dreißigjährigen nicht erlebt haben. Damals war für viele von uns klar, dass der Kampf gegen Rassismus und Antisemitismus eng zusammengehörte. Wir wussten, dass das eine nicht zu überwinden war, ohne auch gegen das andere zu Felde zu ziehen. Ich bin nach wie vor dieser Meinung und weigere mich, eine Hierarchie zwischen den beiden Ausprägungen des Hasses zu errichten. Doch ich fühle mich heute komischerweise viel einsamer damit. Zahlreiche Menschen um mich herum glauben, dass der Einsatz für die einen von mangelndem Mitgefühl für die anderen zeuge. Das ist so absurd, dass man sich kaum entschließen mag, solche Überzeugungen zu widerlegen.

Viele meiner »Freunde« – ich setze sie vorerst in Anführungszeichen, bis ich klarer sehe – haben mir vor einigen Wochen gesagt: »Es kommt gar nicht infrage, dass ich zu der Antisemitismus-Demo gehe, da laufen ja sicher überzeugte Rassisten mit.« Ich muss zugeben, dass mich dieses Argument sprachlos gemacht hat. Sie haben es also vorgezogen, die jüdischen Menschen bei einer Demonstration gegen den Judenhass noch weiter im Stich zu lassen. Sie haben sich dagegen entschieden, sich denjenigen anzuschließen, die sie angeblich verteidigen, um nur ja nicht jenen zu begegnen, die sie verachten. Ich frage mich, ob sie sich eines Tages womöglich nicht auf die Hochzeit ihres besten Freundes trauen, weil sie Angst haben, dort seinem rassistischen oder frauenfeindlichen Großonkel zu begegnen. Ich habe keine Antwort darauf. Im vorliegenden Fall haben sie jedenfalls deutlich ihre Präferenz geäußert, indem sie mich als Jüdin ein Stück weit fallen gelassen haben, um anderswo zu schauen, ob ich da bin.

Dachten sie etwa, es würde mir Spaß machen, neben den Erben des Front National herzulaufen? Mir wäre es lieber gewesen, der Kampf gegen den Rassismus, den ich bisher immer zusammen mit meinen »Freunden« geführt habe, hätte sie dazu animiert, mir zur Seite zu stehen, damit wir eine rechtsextreme Partei gemeinsam zu einem simplen »Detail der Geschichte« hätten machen können. Doch offenbar ist das nicht mehr möglich.

Heute speist sich der Hass gegen die Juden paradoxerweise aus einem plakativen Antirassismus. Dafür nimmt man eine geniale Vereinfachung zu Hilfe: Wir wollen auf der Seite der Schwachen, der Opfer und Verwundbaren sein. Im Katalog der Schwachen tummeln sich allerdings sehr viele Menschen ... nur die Juden erscheinen leider nirgends. Seltsam, seltsam ... sogar wenn sie ermordet, aus dem Fenster gestürzt, verbrannt, gefoltert, vergewaltigt oder entführt werden – nichts reicht aus, um sie schwach genug oder beschützenswert zu machen. Ihre Verwundbarkeit bleibt stets einen Nachweis schuldig.

Als wären sie, selbst tot oder verletzt, noch immer reich und mächtig. Vielleicht werden deshalb ihre Gräber, ihre Grabsteine und manchmal ihre Leichen geschändet. Man vermutet, dass sie sogar im Tod nach wie vor stark und im Besitz der Kontrolle sind. Womöglich lenken sie auch noch im Jenseits die Medien und globalen Finanzen, wer weiß?

Die Idee gefällt mir: Den Muslimen werden immerhin siebzig Jungfrauen im Paradies in Aussicht gestellt. Warum sollte man den Juden also nicht siebzig Fernsehsender und die Sitze in den Aufsichtsräten des CAC 40 in Aussicht stellen? Witzig, oder? Doch diese ganze Rhetorik ist nicht grundlegend neu. Sie wartet heutzutage nur mit überraschenden Varianten auf. *Ça s'en va et ça revient ... c'est fait de tout petits riens.*

Manchmal sind diese Winzigkeiten Beleidigungen oder kleine Seitenhiebe, in den meisten Fällen sind es Mikro-Feigheiten. Es gibt diejenigen, die den altüberlieferten Diskurs hören und wiedererkennen, und solche, die, bewusst oder unbewusst, taub dafür sind. Angeblich wollen sie nur ein Schweigen wahrnehmen oder einen undeutlichen Tinnitus, mit dem sie wenig anfangen können. Nein, nein, bekräftigen sie, das ist kein Antisemitismus: »Hört auf, ihn überall zu wittern! Irgendwann löst ihr ihn sonst selbst aus!«

Nehmen wir ein Beispiel.

Wovon genau spricht ein ehemaliger Premierminister, wenn er »die finanzielle Beherrschung der Medien, der Kunstwelt und Musik« erwähnt? Ich weiß es nicht. Wen meinen die Impfgegner, wenn sie eine pharmazeutische Lobby für die Gesundheitskrise verantwortlich machen? Keine Ahnung. Auf wen spielen die Gelbwesten an, wenn sie den Mächtigen vorwerfen, die Macht des Volks an sich zu reißen? Ich bin des Ratens müde.

Wie sollte ich es auch wissen? Das Wort Jude fällt nie. Die Sprache ist schwammig, die Anschuldigung unklar.

Dabei funktioniert die Magie: In dem Augenblick, in dem solche Sätze fallen, gehen offenbar die Lichter vom Leuchtturm in Alexandria auf und hüpfen die Clodettes auf die Bühne – es ist wie ein Refrain von Claude François, »*ça vous glisse entre les mains*«, »es gleitet einem durch die Finger«. Die Deiche brechen, und die Überschwemmung »*fait naufrager les papillons de ma jeunesse*«, »lässt die Schmetterlinge meiner Jugend Schiffbruch erleiden«.

Schon würdigt die rechtsextreme Clique um *Rivarol* oder die Sekte des Holocaustleugners Alain Solal den früheren Premierminister als großen Staatsmann. Sieh an! Plötzlich ertönen antijüdische Slogans bei den Demonstrationen der Impfgegner, und die Bank Rothschild ist an den von den Gelbwesten besetzten Straßenkreiseln überaus beliebt. Ach ja, und was macht eigentlich Jacques Attali auf diesem Straßenbild in Avignon, wo er die Fäden einer Marionette mit dem Konterfei Emmanuel Macrons in den Händen hält? Ich kann es leider nicht richtig erkennen.

Will man versuchen, uns etwas zu sagen? Nicht unbedingt.

Es sei denn …? Ach, es liegt mir auf der Zunge … nein, wirklich, ich komm nicht drauf.

»Hört doch auf, überall Antisemitismus zu wittern«, empört man sich. Ja, fest versprochen, ich höre auf.

»Aber wenn wir euch doch sagen, dass diese Leute keine Antisemiten sind!« Sicher, das glaube ich nur zu gern. Sie sind keine Antisemiten. Nur dass … nur dass sie merkwürdigerweise deren Sprache sprechen. Der Antisemitismus und seine altüberlieferte Sprache sickern in sie ein und quellen aus ihnen hervor wie bei einem virtuosen Bauchredner. Kaum wahrnehmbare Ultraschallwellen, die allerdings kräftig genug sind, um die antisemitischen Meuten zu erreichen.

Sie begnügen sich damit, leicht die Lippen zu bewegen, weiter nichts, ohne dass auch nur einmal das Wort »Jude« herauskäme. Und doch gelingt es ihnen – Abrakadabra –, aus der Ferne diesen sonderbaren Ton zu formen, diesen Klang, der nicht aus dem Mund kommt, sondern aus den Tiefen der Eingeweide. Plötzlich explodieren die Gedärme der Gesellschaft in blähenden Worten, als wäre ihre Sprache imstande, aus der Ferne einen Schließmuskel zu öffnen. Hier wird gesprochen, dort wird alles fahren gelassen.

Das ist einer großen Zaubervorführung würdig. Der Mund sagt etwas, der Bauch erklärt etwas anderes. Manchmal sogar, so schwört man uns, »gegen seinen Willen«, gegen den Willen dessen, der sich gerade äußert. Faszinierend. Hinreißend sogar, im wörtlichen Sinne. Die Aufmerksamkeit und Intelligenz werden mitgerissen, das überwältigte Bewusstsein wird verhext. *Ça se chante et ça se danse, ça revient, ça se retient … comme une chanson populaire !*

VI

Gespräch mit Rose

Rose wird bald sterben. Das schreibt sie mir, und das sagen mir ihre Kinder. Ihr Tod steht unmittelbar bevor, und alle scheinen es zu wissen. Sie fühlt sich »am Ende des Weges«. Dieses Bild benutzt sie immer, um unser Gespräch zu beginnen und mit mir unter vier Augen darüber zu sprechen.

Sprechen ist eigentlich nicht das richtige Wort. Denn Rose spricht nicht. Sie leidet an einer Krankheit, die die Leute schaudern lässt, sobald man sie beim Namen nennt: amyotrophe Lateralsklerose, ALS, auch bekannt als Charcot-Krankheit. Nach und nach erschlaffen die Muskeln bis hin zur Lähmung, erst sind die Gliedmaßen betroffen, später die Atmung. Die Degeneration der Nervenstränge schreitet rasch voran und führt irgendwann zum Tod. Bereits früh löst die Krankheit Artikulations- und Sprechstörungen aus. Als ich Rose kennenlerne, spricht sie schon lange nicht mehr. Sie bringt ein paar Laute hervor, aber es ist eine Maschine, die an ihrer Stelle spricht. Sie schreibt, und die Technologie spricht stellvertretend für sie.

Auf ihre Weise ist Rose zur Bauchrednerin geworden: Ihre Lippen öffnen sich kaum, sie bewegt einen Finger über einen Bildschirm, bevor eine Stimme aus dem auf ihrem Bauch liegenden Sprachcomputer dringt. Auch ohne gesprochene Worte bleibt das Gespräch so eindringlich, dass es einem unter die Haut geht.

Vor einigen Monaten haben ihre Kinder mir eine E-Mail geschrieben: Sie wolle mich kennenlernen und lasse fragen, ob ich sie auf ihrem schwierigen Weg begleiten würde. Ob ich neben ihr, die selbst nicht mehr zu laufen vermochte, ein wenig herlaufen könne; ob ich für sie, die keine Worte mehr aussprechen würde, nach Worten suchen könne.

Bei unserem ersten Treffen öffnet sich die Tür zu ihrer Wohnung, und ich begreife, dass dieser Weg heller sein wird, als ich ihn mir vorgestellt habe, als ich auf ihre Bitte eingegangen bin. Die Sonne flutet durch ein großes Glasfenster ins Wohnzimmer, um sie herum eine Fülle an Nippes, Büchern und Liebe. Und mitten in all dem, was besser über ein Leben Auskunft gibt als Worte, erwartet sie mich, aufrecht und bestimmt, fest entschlossen, trotz ihrer Behinderung das Gespräch in der Hand zu behalten. Sie reicht mir einen Zettel, auf dem sie ein paar Worte notiert hat: »Es gibt tausend Dinge, über die ich gern sprechen würde.« Auf ihrem Gesicht liegt ein besonderes Leuchten.

Mit einem einzigen Finger, der ihr noch leidlich gehorcht, tippt sie die Buchstaben nacheinander auf ihren Bildschirm. Anschließend drückt sie eine grüne Taste unter dem Text, und dann spricht ihre Stellvertreterinnenstimme.

Natürlich verändert die Technologie das Leben der Kranken von Grund auf. Ihr ist es zu verdanken, dass sie nicht in einem stillgelegten Körper eingeschlossen bleiben müssen.

Ich höre Roses synthetische Stimme und zucke zusammen: Tonfall und Phrasierung klingen exakt so wie auf dem Navi, das mich zu ihr gebracht hat. »In hundert Metern links abbiegen … Nehmen Sie am ersten Kreisverkehr die zweite Ausfahrt …« Genau die gleichen Betonungen, der gleiche abgehackte Rhythmus, nur dass die angegebene Richtung eine völlig andere ist.

Der harte Kontrast zwischen der schriftlichen Nachricht und ihrer künstlichen Umsetzung wirkt unfreiwillig komisch und deplatziert. Ich beiße mir auf die Lippen, um ein Grinsen zu unterdrücken. Gar nicht so einfach. Die monotone Stimme, die normalerweise meine Fortbewegung reguliert und mir dabei hilft, die Orientierung zu behalten, spielt hier eine völlig unerwartete Rolle. Es fühlt sich an wie eine Fehlbesetzung. Die sonst für banale Richtungsangaben verantwortliche Stimme verfasst jetzt ihre Patientenverfügung. Der profane Klang spricht eine heilige Sprache:

»Ich habe Angst zu sterben«, sagt sie, und es hört sich an wie: »Hinweis: Polizeikontrolle an Ihrer Strecke!« »Ich bin verzweifelt wegen meiner Kinder« ersetzt »im Kreisverkehr die zweite Ausfahrt rechts nehmen«.

Ist das Leben mit der Navi-Sprache vereinbar: Haben wir das Ziel bald erreicht? Wird es Staus geben? Und falls es am nächsten Kreisverkehr keine Ausfahrt gibt?

Die sensible Rose merkt schnell, dass ich das Gesicht verziehe. Sie sieht mir meine Verlegenheit an und schreibt mit einem feinen Lächeln: »Ich habe eine schöne Stimme, oder? Ich könnte eigentlich auch Bahnhofsdurchsagen machen.« Damit ist die Tonlage für unser Gespräch gefunden. Wir haben gerade beschlossen, dass wir für die holprige Route des angekündigten Lebensendes nur Schleichwege nehmen, auf denen wir uns von einem absurden Humor leiten und die Angst im Leerlauf lassen wollen.

So begann unser Gesprächsritual. Wir schrieben uns einmal pro Woche. Immer freitags ergriff eine von beiden die Initiative.

Anfangs waren die Rollen klar verteilt, wir kannten unseren jeweiligen Text sehr genau. Ich erkundigte mich, wie es ihr ging, fragte, wie ihre Woche verlaufen war. Ich interessierte mich für ihren Körper und ihre Gedanken. Kurzum, ich war die Rabbinerin und sie die Kranke. Ganz einfach. Ich tat das, was ich schon oft getan hatte: Sterbende begleiten und dabei die nötige Distanz wahren, die mit meinem Amt einhergeht. Die Distanz bedeutete den Hilfesuchenden: In mir kommt eine Tradition zum Ausdruck, die weit über mich hinausreicht. Diese Weisheit war vor mir da und wird mich überdauern, und wenn sie sich in diesem Moment durch meinen Körper äußert, dann weil sie mich durchdrungen hat, wie sie auch Sie durchdrungen hat. Auch ich bin in der Ausübung meines Amtes eine Bauchrednerin ... In der Sprache der jüdischen Tradition würde ich mich als »vom Dibbuk besessen« bezeichnen, als eine, die von einem Erbe besessen ist, das aus ihr spricht. Es durchquert die Epochen und dringt von Zeit zu Zeit aus meinem Mund, so wie es von vielen anderen ausgesprochen wurde und noch immer ausgesprochen wird. Es ist ein besserer Richtungsweiser als jedes Navi und sagt den Juden seit dreitausend Jahren: »Sie haben Ihr Ziel erreicht ... oder auch nicht. Achtung: Auf der Strecke werden mehrere Unfälle angezeigt.«

Rose erzählt mir oft von ihren Befürchtungen, aber eben auch ausdrücklich von ihren Hoffnungen – nicht, gesund zu werden oder zu überleben, aber zufällige Daten zu erreichen, die sie oft für sich festlegt, wie Mautstellen, die man passieren möchte.

Einmal ist sie entschlossen, ihre zukünftige Enkelin in die Arme zu schließen, ein andermal, den Herbst noch zu erleben und aus dem Fenster seine atemberaubende Schönheit zu sehen, den Geburtstag eines geliebten Menschen abzuwarten oder, warum nicht, das Jahresende mit all seinen Festen.

Wir sprechen über die Zeit, die sich beim Nahen des Todes so merkwürdig dehnt – in der ein Tag auf einmal eine ganze Jahreszeit umfassen kann und eine Woche eine Milliarde Jahre.

Wir sagen uns, dass alles sterben muss, ob Hoffnungen, Ideen, Lieben oder Illusionen … und dass uns eben gerade das Bewusstsein der Endlichkeit lebendiger macht.

Wir sprechen viel über ihre Familie, über ihre Leidenschaften, ihre früheren Beziehungen und vor allem über ihre Kinder, die sie bedingungslos liebt, doch auch über ihre Eltern und ihr jüdisches Erbe. Sie hat sich dieser Geschichte gegenüber lange fremd gefühlt, jetzt aber gibt sie ihr plötzlich einen Wink, einen Hinweis, für den sie nicht unempfänglich ist.

Wir sprechen über den Mann, den sie liebt, über diese starke Liebe und die besondere Zugewandtheit, mit der er sich ihr in der Krankheit widmet. Eines Tages platzt er in einem vertraulichen Gesprächsmoment in den Raum und fällt mir versehentlich ins Wort. Sie tippt einen vernichtenden Kommentar auf ihren Bildschirm. Und die Navi-Stimme ruft herrisch: »Lass uns in Ruhe!« Wir, Rose, ihr Ehemann und ich, »lachen uns tot« und fühlen uns dabei lebendiger denn je.

Und dann kam der 7. Oktober – kam der 7. Oktober »über uns«. Der Tod traf uns mit voller Wucht, jedoch nicht so wie erwartet. Die jüdische Geschichte hat uns auf andere Weise heimgesucht, mit ihrer Trauer und ihren Gespenstern; mit dem Gefühl, dem Nachhall der Vergangenheit schutzlos ausgesetzt zu sein. Plötzlich ging es nicht mehr nur um Roses Tod, sondern um den einer ganzen Welt. Unvermittelt kippte unser Gespräch. Noch immer kann ich mir nicht erklären, was genau passiert ist. Vielleicht ist es zu früh dafür. Aber ich weiß, dass mir schnell eine Erinnerung kam: an die Zeit, in der ich einen anderen Menschen beim Sterben begleitet hatte. Im Herzen dieser unerhörten Tragödie vernahm ich, als ich Rose nach dem 7. Oktober zur Seite stand, das Echo einer anderen Trauer. Scheinbar ohne jeden Bezug. Das ist das Wesen des Todes: Wenn er kommt, gemahnt er uns stets an seine früheren Besuche. Immer ruft er uns sein Kommen und Gehen in Erinnerung.

Einige Jahre zuvor war ich diesen Weg zusammen mit einem gleichaltrigen Mann gegangen, der von einer anderen Krankheit hinweggerafft wurde. Sie ließ sein Sprachvermögen unangetastet, zerfraß jedoch seinen Körper. Wir wussten beide, dass sein Ende unmittelbar bevorstand. Auch seine Familie wusste es. Ich kannte seine Angehörigen, war seiner Frau, seinen Kindern und seinen Freunden liebevoll zugetan. Sie gehörten zu meinem engsten Kreis, und sein Tod erschütterte mich zutiefst. Doch angesichts der Verzweiflung all dieser nahestehenden Menschen brachte ich, weil ich Zeugin ihres Schmerzes war, im Unterschied zu ihnen aber eine Rolle zu spielen hatte, den gewohnten Prozess ins Rollen: Ich betäubte meinen eigenen Kummer, um meine Funktion ausüben zu können. Ich achtete penibel darauf, dass ich den richtigen Abstand wahrte; dass ich die Distanz respektierte, die mir erlaubte, denen, die den unsagbaren Weg der Trauer gingen, zur Seite zu stehen. Und ich hielt durch. Ich blieb während der gesamten Wegesstrecke standhaft, selbst als Marc seinen Kindern »Adieu« sagte, selbst an der letzten anvisierten »Mautstelle«, selbst am Tag seines allerletzten Atemzugs, und selbst bei der Vorbereitung seiner Beisetzung. Ich hielt durch, als die Sargträger kamen, und während der gesamten Trauerfeier, die ich so sorgfältig vorbereitet hatte. Kein einziges Mal versagte mir die Stimme oder kamen mir die Tränen beim Anblick all der geliebten, verzweifelten Gesichter. Ich merkte, wie sie sich an meine Worte klammerten und an den Ritus, den ich hochhielt, wie an ein unsinkbares Floß, das jemand dem Schein zuliebe auf Kurs halten musste.

Nach der Trauerfeier, als die Leute einander in den Arm nahmen, trat ein Unbekannter auf mich zu. Er murmelte mir ein paar Worte ins Ohr, einen nichtssagenden Satz, auf den ich jedoch nicht vorbereitet war:

»Das war sicher nicht leicht für Sie!«

In diesem Moment zertrümmerte ein Mann, den ich noch nie gesehen hatte und den ich nie wiedersehen würde, ein Unbekannter, der keine Ahnung hatte, was er damit auslöste, alle meine Schutzwälle.

»Das war sicher nicht leicht für Sie!«

Mit einem Satz riss er mein Kostüm weg und zerrte an der mentalen Rüstung, hinter der ich mich verschanzt hielt. Ich hatte keine andere Wahl, als einen Blick unter das Kettenhemd zu werfen und dort die nässende Wunde und das sorgsam verborgene Elend zu finden. Plötzlich erinnerte ich mich, dass mein Freund gestorben war und meine Funktion als Rabbinerin nicht länger mein eigenes Unglück kaschieren konnte. Runter mit den Masken. Auf dem Hauptweg eines großen Pariser Friedhofs wurde ich von einem machtvollen Schluchzer geschüttelt, von einem unsagbaren Schmerz mitgerissen. Ich war meiner nackten Not ausgeliefert, der ungeschützten Verwundbarkeit derjenigen, die bei der Beerdigung eines nahestehenden Menschen nichts anderes zu tun hat, als ihn zu beweinen. Absolut nichts anderes.

Zu meiner Überraschung ereignete sich nach dem 7. Oktober bei den wöchentlichen Gesprächen und in dem E-Mail-Verkehr mit Rose etwas Ähnliches. Rose demaskierte mich. An den Pforten des Todes, der überall präsent war – in der Diagnose von Roses Ärzten, in den Gesichtern dieser Jugend, die ermordet worden war, weil sie tanzen gehen wollte, in den Stapeln von Kinderleichen –, entspann sich eine Unterhaltung, auf die ich nicht vorbereitet war.

Rose hielt mir plötzlich einen Spiegel vor, der mich zwang, auch mein eigenes Gesicht zu sehen, nicht nur ihres. In ihren

Worten, ob selbst geschrieben oder von einer Maschine ausgespuckt, gelang es ihr, mein »Wie geht's?« machtvoll umzukehren. Nicht als höfliche Rückfrage an die Besucherin, die sich an ihr Bett setzt, um ihr gerade selbst diese Frage zu stellen, nein: Auf einmal wandte sie sich auf eine besondere Art an mich, während ich glaubte, mich an sie zu wenden. So wie sie mir zuhörte, machte sie mich, ohne dass ich darauf gefasst war, zu einem eigenartigen Alter Ego: Ein verwundbarer Mensch saß einem anderen verwundbaren Menschen gegenüber. »Eine vom Tod heimgesuchte Frau« befand sich im Gespräch mit »einer vom Tod heimgesuchten Frau«. Zwei Trauernde, die wussten, dass nichts mehr so sein würde wie bisher. Ihre Lähmung antwortete auf meine, auch ihre Einsamkeit. Und ich erkannte, dass ich nie mehr ganz zu meiner Stimme zurückfinden würde.

Sie fragte mich, wie es mir ging. Las aus meinen Sprechpausen und Seufzern die wirklichen Antworten, die, die ich niemandem preisgab, so als wüsste sie mehr als andere um meine Verzweiflung und das tödliche Entsetzen, das sich in meiner Seele breitgemacht hatte und ihr nicht unvertraut war.

Der Tradition zufolge liest man Kranken Psalmen vor, altüberlieferte poetische Texte, die sie begleiten und besänftigen sollen. Unter all diesen Gedichten, die man so oft wiederholt, dass man sie irgendwann gar nicht mehr hört, gibt es vor allem eines, das immer am Krankenbett gesprochen wird. Fast wird diesen Worten von Psalm 23 eine Zauberkraft zugeschrieben: »Und ob ich schon wanderte im finstern Tal, fürchte ich kein Unglück; denn du bist bei mir.«

Das »Du«, das in diesem Vers bei uns ist, ist schlicht das Göttliche, von dem wir uns vorstellen, dass es uns in der angsterfüllten Nacht unserer Einsamkeit beisteht. Während der letzten Wochen, in denen ich Rose begleitete, war mir, als raunten wir einander ständig diese Worte zu. Denn im finstern Tal, das uns umgab, blieb keine von uns unbeschadet, und keine war allein.

Vielleicht bin ich für sie eine andere Rabbinerin geworden oder eine »Nicht-nur-Rabbinerin«: mehr als eine, die mit dem emotionalen Abstand ihrer Funktion die unveränderliche, beständige Tradition vermittelt. Eine, die zugibt, wie verzweifelt und für immer untröstlich sie ist. Die, die ständig den Tränen nah ist und weiß, dass das Ruinenfeld vor ihr ein Abbild ihrer selbst ist. Ich habe mit Rose mein Leid als Frau, als Mutter und Jüdin geteilt, selbst das als »jüdische Mutter« (!), ich habe ihr von meinen seelsorgerischen Problemen und meinen Schreibprojekten erzählt, wie ich es bei der Begleitung eines anderen Menschen bisher nie gemacht hätte. Heute habe ich den Eindruck, dass Rose und der 7. Oktober eine andere Frau aus mir gemacht haben – vielleicht. Eine andere Rabbinerin mit Sicherheit.

Rose wird sterben, das weiß ich, und ich frage mich, wie ich ihr danken kann. Es bleiben mir möglicherweise noch ein paar Tage oder Wochen, aber ich würde mir gern die nötige Zeit nehmen, um die richtigen Worte zu finden. Auch deshalb schreibe ich. Um ihr, falls es nicht zu spät ist, zu sagen, dass sie mir hilft, aufrecht zu bleiben, nachdem der Boden unter uns weggebrochen ist. Seit dem 7. Oktober hat ihre Art des Zuhörens, des wortlosen Zuhörens, für immer meine Art des Zuhörens verändert. In ihrer Lektion über das Leben an den Pforten des Todes lässt sie mich, in jeder Hinsicht sprachmächtig, etwas Neues hören. Sie hat meinen Weg verändert.

»Ihre Route wird neu berechnet …«

VII
Gespräch mit
meinen Kindern

»Hast du nichts Besseres zu tun?«

Sind sämtliche Generationen dazu verurteilt, immer die gleichen Sätze abzuspulen? Offenbar ja. Ich wiederhole die in meiner Kindheit so oft gehörten Worte, um zu versuchen, die gleiche oder fast die gleiche Autorität zu verkörpern. Meinen Kindern beizubringen, dass es im Leben anderes zu lernen und zu tun gibt als einfach die Zeit totzuschlagen.

»Lies lieber ein Buch!«

Jetzt bin ich die alte *Schnuck*, die ihnen ungefähr das Gleiche sagt, das sie selbst anderen alten *Schnucks* vor Jahren verübelt hat. Es ist verrückt, wie wir im Laufe der Zeit immer mehr unseren Eltern gleichen. Und unsere Kinder rächen sie, indem sie uns in exakt diese Eltern verwandeln. Der unerbittliche Reigen der Generationen.

Während man mich damals aufforderte, den Fernseher auszuschalten, drohe ich damit, den WLAN-Router auszuschalten. Wo liegt da der Unterschied? Nur das Gerät ist ein anderes. Der Generationenkonflikt ist (fast) identisch. Er verläuft nach dem gleichen Muster und wird heute genauso beigelegt wie früher: mit faulen Kompromissen, die uns weniger hilflos dastehen lassen.

»Ich lass dir das Handy nur, wenn du was guckst, was nicht so bescheuert ist ...« »Weg mit dem ganzen TikTok-Mist oder deinen Snapchat-Filtern. Guck dir lieber einen Dokumentarfilm an oder eine historische Serie.«

Keine Eltern der Welt haben je das Rad neu erfunden. Und das Rad der Generationen überrollt oft ihre besten Absichten. In meiner Kindheit wurde sehr ähnlich verhandelt. Ich erinnere mich zum Beispiel an eine Fernsehserie, die man uns nie zu schauen verbot, denn angeblich ließ sie uns schlauer werden: Warum hätte man uns also davon abhalten sollen? Ihr pädagogischer Stempel machte sie »koscher« und praktisch zu jeder Tageszeit konsumierbar. Das war natürlich das Argument schlechthin, um die uns zustehende Fernsehzeit unbegrenzt auszuweiten.

Ich bin mir sicher, dass sich alle französischsprachigen Kinder meiner Generation daran erinnern. An den kurzen Vorspann mit der einprägsamen Orgel-Melodie:

»Tatataa ... tatatata taa taa ...«

Die Toccata in d-Moll von Johann Sebastian Bach läutete unsere vorläufige Rettung ein und gewährte uns einen sechsundzwanzigminütigen Aufschub. Auf dem Bildschirm erschien ein Affe, der sich auf die Hinterpfoten stellte, zum Neandertaler wurde, anschließend zu einem Jäger und Sammler, dann in ein antikes Gewand schlüpfte, sich in einen Renaissance-Maler verwandelte, über die Barrikaden der Französischen Revolution sprang, in einem Sportwagen landete und schließlich an Bord einer Rakete abhob. Die Aussage war klar: Eine Toccata enthielt die gesamte Menschheitsgeschichte.

Die jahrzehntelang ausgestrahlte Serie *Es war einmal ... der Mensch* beschränkte sich auf eine attraktive Botschaft: Das Rad der Geschichte dreht sich.

Es war immer der gleiche Typ, in der französischen Fassung ein gewisser Pierre mit einem sympathischen Gesicht, der in jeder Epoche wieder auftauchte. Sein Sohn hieß Pierrot und seine Tochter Pierrette, egal, ob wir gerade in der Ur- und Frühgeschichte oder bei den Achtundsechzigern waren. Quer durch die Epochen erlebten sie die aufregendsten Abenteuer, was wahnsinnig anstrengend sein musste. Zumal sie immer dem gleichen finster dreinschauenden Typen begegneten, der ihnen diverse Knüppel zwischen die Speichen warf … auch schon lange, bevor das Rad überhaupt erfunden war.

In einer Ecke des Bildschirms sprang lediglich das Datum der Ereignisse um. Ein kleines Rechteck verwies auf die betreffende Epoche: Renaissance, Absolutismus oder Erster Weltkrieg. Die Kostüme wechselten, die Handlung ging weiter. Ich fragte mich oft, wie man von einer Zeit in die andere springen konnte, und vor allem, wer dieser Mann (in der Geschichte) war, der eines Tages aufwachte und zu seiner Frau sagte: »Es ist so weit, mein Schatz, die Antike ist vorbei. Wir sind jetzt im Mittelalter. Mach dich heute Abend schön, wir zünden einen Scheiterhaufen an.« Wer weiß schon, wie die Vergangenheit vergeht und wie die Zukunft sich anschließt? Niemand.

Die Serie mochte ich, weil sie uns mit dem elterlichen Segen bedeutete, dass es leicht war, die Geschichte nachzuerzählen; dass die Abfolge der Generationen Kontinuität verhieß: Alles wandelt und nichts verändert sich. Die Welt entwickelt sich weiter, hat aber dennoch etwas Bleibendes. Etwas, das unvergänglich ist wie ein Fels, wie Petrus, wie dieser Pierre.

Ich weiß nicht, welchen Einfluss die Serie auf meine Generation gehabt hat. Sie hätte uns davon überzeugen sollen, dass die Menschheit sich nicht veränderte. Dass finstere Typen regelmäßig wiederkehren und Pierre und seine Kinder auf keinen grünen Zweig kommen. Aber wir wollten trotzdem etwas anderes glauben. Wir waren überzeugt, dass mit uns zwangsläufig eine neue Ära angebrochen war. Dass die Menschheit nach allem, was uns widerfahren war, endlich verstanden hatte und zu etwas Neuem überging.

Der 7. Oktober ließ in meinem Kopf eine rasante Toccata ablaufen. Ein melodisches Moll. Stumm sah ich meine Kinder an. Ich hatte viel zu viel Angst vor den Worten, die aus mir herauskommen könnten, und wollte mich vor allem nicht wiederholen hören, was lauthals in meinem Kopf brüllte.

Ich ließ sie vor ihren Bildschirmen sitzen und hoffte, dass der Algorithmus ihnen die Gewalt der Welt vom Leib halten würde. Wie dumm von mir.

Denn rasch sahen sie alles, von dem ich gewollt hätte, dass sie es nicht sehen. Und sie stellten mir Fragen. Jeweils auf ihre Weise und mit den Worten ihres Alters baten mich meine Kinder, ihnen immer das Gleiche zu erklären: Warum fängt das jetzt wieder an, Mama? Und warum wirft man immer nach uns, den Juden, den ersten Stein?

Ich hätte mir gewünscht, ihnen alles in Form einer Fernsehserie erläutern, die Zeichentrickfolgen meiner Kindheit in eine glaubwürdigere Version verwandeln zu können. In etwas gut Erzählbares. Nach dem Motto *Es war einmal … der Antisemitismus.*

Für den Vorspann hätte ich vielleicht nicht Bach, sondern Wagner ausgewählt, einen erprobten Klassiker. Meine Wahl wäre auf den *Ritt der Walküren* gefallen oder, besser noch, auf die Ouvertüre des *Fliegenden Holländers,* das Geisterschiff … denn genau darum ging es ja, um die Geister der Geschichte, die uns immer wieder heimsuchen.

Ich hätte mir eine Hauptperson ausdenken müssen, die ich natürlich nicht Pierre genannt hätte. Ich hätte ihr einen jüdischeren Namen gegeben, vielleicht sogar einen jiddischen Nachnamen. Warum nicht Schlemiel? Das ist doch ein hübscher Vorname. Dieses Wort bezeichnet im Jiddischen auf humorvolle Weise immer den Pechvogel. Der Schlemiel, auch Schlemihl genannt, ist das jüdische Pendant zu Pierre Richard in *Der Hornochse und sein Zugpferd*. Der Legende zufolge ist es derjenige, dessen Brot immer auf die gebutterte Seite fällt. Der just zu Beginn einer Trockenperiode ein Geschäft für Regenschirme eröffnet. Zahlreiche Erzählungen versuchen, die Herkunft dieser legendären Figur zu erhellen. Eine davon, aus den Responsa des Maharil, die ich besonders mag, berichtet von einem bedeutenden Talmudgelehrten, der ursprünglich diesen Namen trug. Eines Tages führte ihn sein Studium weit von zu Hause fort. Gerührt entdeckte er, dass seine treue Frau in seiner Abwesenheit einen Sohn zur Welt gebracht hatte – elf Monate nach seinem Fortgang. Seither ist Schlemihl der Name für alle Pechvögel, Betrogenen, Hahnreie oder Tölpel der Geschichte. Sie ziehen stets den Zorn der Götter auf sich. *Es war einmal … das jüdische Pech.*

Der Plot der Serie ist einfach: Der Schauspieler ist immer derselbe, seine Kleidung verändert sich je nach Epoche: Gelber Ring, Judenhut oder Davidstern … je nachdem. Dem antisemitischen Design fehlt es entschieden an Fantasie. Auf sämtlichen Zeichnungen, Stichen oder Gemälden ist die Physiognomie des Juden immer in etwa die gleiche: große Hakennase, abstehende Ohren und hexenähnliche Haare. Vor allem aber, ein entscheidendes Detail, hat er unveränderlich große Hände und gekrümmte Finger. »Damit ich dich besser manipulieren kann, mein Kind!« Denn das ist es, was man dem Juden im Grunde vorwirft: Er manipuliert die Welt. Deshalb hält er im Museum der antisemitischen Abscheulichkeiten die Welt zwischen den Händen oder zieht an den Fäden eines anderen Protagonisten, meist ein Bankier, ein Politiker oder ein Freimaurer. Er ist der große Marionettenspieler der Welt, der berühmte

Zauberer. Gerade weil er permanent etwas aus dem Hut zu zaubern scheint, muss er beständig auf der Hut sein.

Auch wenn er nicht mehr Pierre heißt, wird ihm dabei immer der Schwarze Peter zugeschoben. Und wie geschickt das angestellt wird! Man wirft ihm gleichzeitig etwas … und genau das Gegenteil vor. In der einen Folge wird Schlemihl als zu reich, in der nächsten als zu arm dargestellt, als einer, der im Übermaß produziert, oder umgekehrt als einer, der der Gesellschaft auf der Tasche liegt. Gleichzeitig »Kapitalistensau« und »bolschewistisches Ungeziefer«. Er stößt auf Unmut, wenn er zu zurückhaltend, zu unergründlich ist. Und im gleichen Atemzug verurteilt man ihn als Neureichen oder protzigen Angeber. Wie arrogant er daherkommt! Er ist überall. Er eckt als ewig Wandernder an, der sich nirgends niederlässt. Noch mehr Hass zieht er auf sich, wenn er auf seine Souveränität pocht und ein Gebiet für sich in Anspruch nimmt. Und wissen Sie was? Offenbar hat er auch das Patriarchat erfunden. Das zumindest geht aus seinen Texten und seinem literarischen Erbe hervor. Andererseits heißt es, er sei für die feministische Subversion verantwortlich, die die natürliche Ordnung der Dinge und die althergebrachte familiäre Tradition gefährdet. Wie kriegt er das nur hin, dass er überall und alles auf einmal sein kann! Verständlich, dass ihn die Antisemiten, die ihn sich so zurechtlegen, höchst beunruhigend finden und ihn im Verlauf der Geschichte zu ermorden versuchen. Wie könnte es auch anders sein? Warum sollten ihm all die anständigen Leute verzeihen, was er sie ihm anzutun gezwungen hat? Warum sollten sie es ihm nachsehen, in ihnen einen solchen Hass entfacht zu haben?

Es war einmal … der Antisemit!

Bei dieser Serie würde es eine endlose Abfolge von Staffeln geben. Denn der antisemitische Hass durchquert die Geschichte ebenso wie die Geografie. Er ist vielseitig anwendbar und unverwüstlich. Er hat von Folge zu Folge nur einen anderen Namen und ein neues Gesicht. Manche halten an dem Glauben fest, dass der Produzent systematisch aus dem rechten Lager kommt – weil im vorherigen Jahrhundert er es war, der die größten Anteile an der Serie hielt.

Andere sagen, heute kümmere sich im Gegenteil die radikale Linke werbewirksam um seine Verbreitung.

Es sei denn, der Judenhass bleibt auf immer und ewig eine Co-Produktion. Weder rechts noch links … oder vielmehr potenziell beides. Der Markt ist viel zu wichtig, als dass ein einziger Akteur das Monopol beanspruchen darf. So will es das Kartellrecht.

Dennoch besteht die wahre Stärke, die zeitlose Macht des Antisemitismus in Wirklichkeit in seiner Wandlungsfähigkeit, seiner Formbarkeit, mit der er sich bestmöglich der jeweils von der Geschichte dargebotenen Epoche anpasst.

»Tatataa … tatatata taa taa … «

Jeder neue Kontext erzeugt einen Diskurs und ständig wandelbare Bilder. So ist Schlemiel zu allen Zeiten »schuld« an dem, wovor die Gesellschaft am meisten Angst hat.

Im Mittelalter fürchtet man sich besonders vor ansteckenden Krankheiten wie Pest und Cholera. Die Läuterung der Körper oder Ideen wurde zu einer fixen Idee. Daran sollte es nicht scheitern: Man musste den Juden einfach zum Krankheitserreger machen, ihm vorwerfen, Quellen und Texte zu verseuchen, Brunnen oder Gedanken zu vergiften.

In Zeiten der neuzeitlichen Pandemie erweckten die Corona-Verschwörungstheoretiker alte antisemitische Denkmuster zu neuem Leben. Sie verwandelten die Juden in Leader der pharmazeutischen Lobbys und Verbreiter des Virus. Warum sollte man etwas, das einmal so gut funktioniert hat, nicht wieder nutzen?

In der faschistischen Gesellschaft der 1930er-Jahre fand das Männlichkeitsmodell große Zustimmung. Das Volk wollte Leader, die eine potente Männlichkeit ausstrahlten und testosteronstrotzende Reden schwangen. Der Markt passte sich an: Die Juden wurden praktisch auf der Stelle zu Weichlingen und unmännlichen Intellektuellen. Leon Blum wurde für seine hohe Stimme und seinen weiblichen Politikstil kritisiert. Antisemitische Karikaturen kehrten den frauenfeindlichen Eifer gegen die Juden: Sie seien auf Geld und den Kontakt zu den Mächtigen aus, unzuverlässig, lasziv oder hysterisch. Oft wurden sie mit Brüsten oder einem weiblichen Hüftschwung dargestellt. Nichts Neues unter der Sonne: Bereits im Mittelalter behaupteten etliche Pamphlete, dass jüdische Männer einmal im Monat ihre Regel hätten. Angeblich bluteten sie aus dem Spalt ihrer fehlenden Vorhaut oder litten an einer rektalen Blutung. Womöglich erklärt sich so die medizinische Bezeichnung dieses Leidens, zumindest im Französischen scheint man mit den Hämorriden den Juden den Tod an den Hals zu wünschen: »*Et mort aux yids!*« (= hémorroïdes). Oy vey – was wären wir nur ohne den jüdischen Humor …

Nichts oder fast nichts hat sich geändert.

Fast nichts … denn jetzt sind wir plötzlich in eine andere Zeit der Geschichte katapultiert worden.

Seit #MeToo und dem gerechten Kampf für die Rechte der Frauen und sexuellen Minderheiten hat der Jude eine »Transidentität« angenommen. Abrakadabra – er war einmal Frau und steckt nun in der Haut des Alphamannes, der als neue Hassfigur eine unanfechtbare Männlichkeit verkörpert. Gemeint ist der israelische Soldat mit protzigen Muskeln und kantigem Kinn. Der Jude ist vom Wicht zum Bösewicht geworden.

Damit wird es für die armen feministischen Aktivist:innen immer schwerer, die Massaker vom 7. Oktober anzuprangern. Vielleicht waren die vergewaltigten, ermordeten oder verbrannten Frauen ein bisschen zu männlich, um engagiert verteidigt werden zu können. Vielleicht ist das Weibliche heutzutage symbolisch gesehen auf palästinensischer Seite, selbst wenn die Terroristen sexuelle Verbrechen begehen. Daher auch das merkwürdige Schweigen der Feminist:innen bezüglich der vergewaltigten Israelinnen. Schon 2017 hatte die Leaderin der Marche des femmes, Linda Sarsour, unmissverständlich verkündet: »Wir können nicht gleichzeitig zionistisch und feministisch sein.« Natürlich! Jahrhundertelang sind die Juden Jüdinnen gewesen, also Frauen, selbst wenn sie Männer waren. Jetzt sind die Jüdinnen Männer geworden, selbst wenn sie Frauen sind. Drücke ich mich verständlich aus? Man sieht bei propalästinensischen Kundgebungen die Flaggen der feministischen Aktivist:innen und der LGBTQ+-Community, die hin und wieder gern nach einer Entschuldigung für die sexuelle Gewalt oder die Homophobie der Hamas suchen. Ist nicht jeder Krieg zuerst ein Geschlechterkrieg? Die konvergierenden Kämpfe kastrieren hier auf äußerst wirksame Weise das Wort.

Gendermatrix und Herrschaftsdiskurs – so das fälschungssichere, monolithische Modell vieler Akademiker, Intellektueller und Denker weltweit, die damit ihren Campus beglücken: Im Krieg der Schwachen gegen die Armen, der Verwundbaren gegen die Mächtigen, des Weiblichen gegen das Männliche, nimmt der Jude eine bevorzugte Stellung ein. Egal, ob es sich um entführte Säuglinge handelt, um ermordete Männer oder vergewaltigte Frauen, er bleibt auf immer und ewig »der Mann der Stunde« – und nicht die Frau. Wie von Zauberhand.

Das geht so weit, dass ich als jüdische Frau kurz davor bin, meine Pronomen anzugeben, wie es einem an amerikanischen Universitäten nahegelegt wird. Ich könnte künftig ein T-Shirt mit folgendem Schriftzug tragen: »Hello, my name ist Delphine. My pronouns are She/Him.« Auch wenn ich in der weiblichen Form von mir spreche, hat mich die Welt mit ihrem Diskurs mittlerweile gründlich vermännlicht. Ich passe mich wohl oder übel an.

»Aber was ist mit der Besiedelung? Mit der Tragödie der Palästinenser? Ist es nicht an der Zeit, ihr Leid anzuerkennen?«, brüllt man mir zu, als wäre ich nicht ohnehin einverstanden damit. Aber was hat das eine mit dem anderen zu tun? Machen der Schmerz und die Ungerechtigkeit, denen die Palästinenser zum Opfer fallen und die nach Wiedergutmachung verlangen, wirklich alle Israeli einschließlich der Juden zu Mächtigen? Machen sie aus den Kindermördern und Frauenvergewaltigern der Hamas Vertreter des »schwachen Geschlechts«?

Seit Jahren trete ich nachdrücklich für die Rechte der Palästinenser und für eine Zweistaatenlösung ein, doch vergeblich. Denn letztes Endes wird mir genau dieser Nachdruck vorgeworfen. Ein Zeichen der jüdischen Macht! Da ist sie wieder.

Die Macht der Juden zu kritisieren ist eine Konstante der Geschichte. In den Köpfen existierte sie schon lange vor dem Bestehen des Staates Israel oder der Gebietseroberung nach 1967.

Wir gelten systematisch als die, die etwas haben, was es anderen nicht zu haben gelingt. Der Vorwurf bleibt immer der gleiche – ob die Juden nun einen Staat haben oder nicht; ob sie angegriffen werden, weil sie eine Armee zu ihrer Verteidigung haben oder eben gerade keine. Im Vergleich mit einem genauso verletzlichen anderen wird der Jude immer als stärker und glücksverwöhnter gelten. Das ist einfach so.

Gestern war er die manipulative Frau. Heute ist er der dominante Mann. Worin genau besteht der Unterschied? Ein Nicht-Jude wird ihm stets erklären, dass er im Unrecht ist. Na schau, im Grunde ist er doch immer selbst schuld an dem, was ihm widerfährt. Man könnte das vielleicht Goysplaining nennen.

Die einzige gute Nachricht: Meine Fernsehserie *Es war einmal … der Antisemitismus* wird vorerst offenbar weder eingestellt noch aus dem Programm genommen. Der nicht enden wollende Hass wird noch viele weitere Folgen inspirieren. Zusammen mit den anderen Drehbuchautor:innen, die sich in meinem Kopf tummeln, habe ich bereits eingehend über die nächste Staffel nachgedacht. Es steht zu vermuten, dass die Juden demnächst als Urheber der bevorstehenden Klimakatastrophe beschuldigt werden, weil sie nicht richtig recyceln oder die Umwelt stärker verschmutzen als andere.

Falls in absehbarer Zeit bestimmte Tierarten aussterben, werden sie natürlich auch dafür als Hauptschuldige herhalten müssen. Stellen wir uns nur vor, dass es keine Zebras mehr gäbe – auch das wäre selbstredend den Hebräern zuzuschreiben. Unsere Welt liegt am Boden? Alles Schuld der Juden.

»Mama, warum fängt das jetzt wieder an? Warum werden immer wir, die Juden, für alles verantwortlich gemacht?«

Für meine Kinder hätte ich gern die richtigen Worte gefunden. Aber die Angst hat mich sprachlos gemacht. Am Tag nach dem 7. Oktober, an einem fast ganz gewöhnlichen Sonntagmorgen, sagte ich zu meinem Sohn:

»Hast du nichts Besseres zu tun, als diesen Mist auf Social Media zu gucken? Nimm dir doch ein Buch!«

Er zuckte mit den Schultern und antwortete:

»Vergiss es, ich geh zum Fußball.«

Eine Weile danach schickte er mir ein kurzes Video, das einer seiner Kumpels im Stadion gedreht hatte. Mein Sohn, wie er gekonnt den Ball annimmt, die Torecke anvisiert und einen Treffer schießt. Ich konnte hören, wie seine Freunde Beifall klatschten und ihn beglückwünschten. In Wirklichkeit aber bannte mich vor allem ein Detail auf dem Display: weder der Pass noch der Torwart, der den Ball ins Netz gehen ließ, sondern ein kleines, um das Gesicht meines Sohnes kreisendes Etwas. An einer goldenen Kette tanzte der unter seinem T-Shirt hervorgerutschte Davidstern im Rhythmus seiner Bewegungen auf dem Spielfeld. Ich fühlte eine vertraute Angst in mir aufsteigen, etwas, was wohl aus den Tiefen der Zeit, möglicherweise aus der Frühgeschichte oder Antike hochzukommen schien. Diese Angst hatte sicherlich die Renaissance miterlebt, bevor sie in meiner Kehle stecken blieb und im Oktober 2023 meinen ganzen Körper erschütterte.

Als mein Sohn später nach Hause kam, sagte ich zu ihm: »Weißt du, was du Besseres tun könntest? Deinen Davidstern abnehmen. Ich fände es gut, wenn du ihn für ein paar Tage oder Wochen nicht tragen würdest, bis sich die Dinge ein bisschen beruhigt haben. Machst du das?«

Mein Sohn schaute mir fest in die Augen. Er kam langsam auf mich zu und schloss mich in die Arme. Dann murmelte er mir ins Ohr: »Das kommt gar nicht infrage, Mama! Ich behalte ihn.«

Mein Kind hat mir eine Lektion erteilt – eine jener Lektionen, die in unseren Geschichten immer in der umgekehrten Richtung vermittelt werden; die ein Sohn seiner Mutter oder die eine Generation der vorherigen erteilt, wenn sie ihr die Stirn bieten will. Ich war verschreckt, verängstigt und verstört – und zugleich unglaublich stolz.

Es war einmal … die jüdische Mutter.

VIII

Gespräch mit denen, die mir guttun

3 Uhr 42, 4 Uhr 53, 5 Uhr 20 …

Ich versuche mich zu erinnern, wann genau ich in den letzten Nächten auf die Uhr geschaut habe. Das Ritual gleicht sich seit ein paar Wochen. Nur die Zahlen variieren.

Bis zum 7. Oktober habe ich nie an Schlaflosigkeit gelitten. Nie. Ich kannte diesen Moment nicht, in dem sich die Gedanken im Kreis drehen und man zögert, auf die Uhr zu gucken, weil sich daraus eine furchtbare Gewissheit ergibt. Ich hatte keine Ahnung von diesem Bewusstseinszustand, von jenen langen Minuten, in denen das Gehirn sich weigert, visuell zu bestätigen, was es intuitiv bereits weiß: Bis zum Morgen ist es noch lange hin.

Nacht für Nacht entdecke ich eine mir bisher unbekannte Welt: Geräusche, Bewegungen, sogar Blicke … Ich merke, dass ich schon seit einer ganzen Weile heimlich im Schlaf beobachtet werde: Von meinem Kater, der lautlos auf meinem Nachttisch sitzt.

Ob er dabei Forschungen über die menschliche Natur anstellt? Will er mich beschützen oder bewacht er mich eher wie ein Gefängnisaufseher, der in einem Hochsicherheitstrakt seine Runden dreht? Ich tendiere zur zweiten Lösung: Mein Kater ist ein überaus ängstliches Tier im Zustand permanenter Wachsamkeit. Ich habe ihn vor Jahren aus dem Tierheim adoptiert, als er schon erwachsen war. Ich weiß nichts von seinem vorherigen Leben, das unverkennbar eine ausgeprägte Unrast in ihm hinterlassen hat. Ständig signalisiert er mir, dass ich sein Vertrauen nicht verdiene, übrigens genauso wenig wie sonst irgendjemand. Mein Kater glaubt nicht an den Menschen. Ich würde ihm so gern beweisen, dass er unrecht hat, aber nichts wird ihn überzeugen können. Außerdem fehlen mir derzeit die entsprechenden Argumente. In Wirklichkeit ähnelt mein Kater meiner Großmutter: Er hat schon zu viel erlebt, um sich noch etwas vormachen zu lassen. Er ist permanent auf der Hut, und das Leben hat ihm gezeigt, dass man jederzeit im Stich gelassen werden kann. Sein Vertrauen hebt er sich offenbar für ein anderes Leben auf.

Nach seiner Adoption schlug ich meinen Kindern lauter originelle Namen vor. Ich versuchte zum Beispiel, sie für »Batshalom« zu begeistern, weil ich es witzig fand, unser Haustier als den »Kater Batschalom« – »chat batschalom« = Schabbat Schalom – vorzustellen. Anscheinend war ich jedoch die Einzige, die das witzig fand. Die Kinder zuckten geringschätzig mit den Schultern und entschieden sich, ohne mich nach meiner Meinung zu fragen, für einen ebenso konventionellen wie banalen Katzennamen. Heute finde ich, dass sie gut daran getan haben, denn mittlerweile vermeidet man allzu jüdisch klingende Namen besser.

Nachts im Dunkeln sehe ich seine Augen, die wie zwei durchsichtige Perlen auf mich gerichtet sind. Meine Schlaflosigkeit scheint ihn nicht zu überraschen. Vielleicht löst meine Angst in ihm sogar einen Anflug von Empathie aus. Wenn ich zwischendurch aufstehe, begleitet der Kater mich auf meinen nächtlichen Kontrollgängen. Wir nehmen die gleichen Wege im Dunkeln. Manchmal knipse ich eine Lampe an, um ein paar Zeilen zu lesen. Normalerweise höre ich Musik, aber keine Instrumentalmusik. Ich brauche eine Stimme, am liebsten eine weibliche. Nur Frauenstimmen vermögen mich zu besänftigen. So raunen zum Beispiel Barbra Streisand oder Barbara: »*Memory, all alone in the moonlight*«, »*Une petite cantate, si, sol, do, fa …*«, »*Papa, can you here me?*«, »*Mais les enfants ce sont les mêmes, à Paris ou à Göttingen*«.

Oft mache ich dann mit Anne Sylvestre weiter. Ihre Lieder begleiten mich von jeher, in kummervollen Momenten, aber auch dann, wenn ich mich nach Heiterkeit sehne. Ganz besonders das Lied »Les gens qui doutent«.

J'aime les gens qui tremblent, que parfois ils ne semblent
    capables de juger
J'aime les gens qui passent moitié dans leurs godasses et moitié
    à côté

Ich mag Leute, die zittern, weil sie manchmal nicht urteilen
    können
Ich mag Leute, die sich mal wie ein Fisch im Wasser, mal
    wie auf dem Trockenen fühlen

Vor ein paar Jahren habe ich dieses Lied sogar ins Hebräische übersetzt.* Ich träumte davon, dass es auch jemand ins Arabische bringen würde und man die beiden Fassungen im Nahen Osten verbreiten könnte, wo die Gewissheiten so viele zivile oder militärische Opfer fordern. Kriege beherzigen von jeher die folgende Strategie: Jedes Lager macht den Zweifel zu seinem bevorzugten Angriffsziel und versucht, ihn auszuschalten,

---

* https://www.youtube.com/watch?v=Pqebibf8zRE

indem es sein Hauptquartier, die Gedankenfreiheit, unter Beschuss nimmt. Man muss nur auf all die Stimmen achten, die heute in den Fernsehern, Zeitungen und vor allem in den sozialen Netzwerken plärren, um sich ein Bild davon zu machen. Nichts bringt die Überzeugungen »ins Wanken«. Überall stimmt das Unzweifelhafte sein Liedchen an.

Die Chansons von Anne Sylvestre haben mir schon immer gutgetan, aber ich habe lange gebraucht, um zu verstehen, warum. Als ich etwas über die Familiengeschichte der Liedermacherin las, kristallisierte sich allmählich eine Antwort heraus. Die Tochter eines Kollaborateurs hatte ihre Songs zu einem Ort der Auseinandersetzung mit der eigenen Herkunft gemacht. Als klänge leise aus jedem Wort, das sie schrieb: Ja, ich bin die Tochter eines Feiglings oder Dreckskerls, aber ich werde mich gegen dieses Erbe zur Wehr setzen. Vielleicht hat sie deshalb so viele Texte für Kinder verfasst, Kinderlieder, die uns beibrachten, wie das Größerwerden ging; die uns beibrachten, wie wir uns in Acht nehmen, wie wir Vertrauen haben oder unsere Schnürsenkel binden sollten. In ihren »Fabulettes« fabuliert Anne Sylvestre von möglichen Zukunftsentwürfen – für sich und für uns. Können wir unsere Vergangenheit anders überwinden als dadurch, dass wir sie neu schreiben?

Seit Wochen denke ich viel an das, was mir guttut, und vor allem an diejenigen, die mir guttun. Nicht nur im Herzen dieser Nacht der Geschichte, sondern ganz allgemein. Ich besinne mich auf meine Rettungsanker, auf meine Quellen lebendigen Wassers.

Irgendwann habe ich begriffen, wie groß mein Bedürfnis war, mich mit Menschen zu umgeben, die sich selbst als Heimgesuchte empfinden. Mit Personen, die die Gespenster ihrer Geschichte akzeptieren und sie in dem, was sie sagen, schreiben, komponieren, singen oder erbauen, zu Wort kommen lassen. Ich muss mich mit Menschen umgeben, die wissen, was sie ihren Wiedergängern schulden, und nicht so tun, als wäre die Vergangenheit vergangen.

Seit dem 7. Oktober retten mich manche freundschaftlichen Gespräche vor dem Ertrinken. Diese Dialoge sind Rettungsbojen, an die ich mich klammere. Zum Beispiel meine Gespräche mit Wajdi Mouawad. Er wird vom Krieg im Libanon heimgesucht. Seine Gespenster haben sich während seiner Kindheit in sein Leben eingeschlichen, als seine Familie einsehen musste, dass sie nie mehr irgendwo heimisch sein würde. Dieses Exil ohne Rückkehr spukt seither durch sein Schaffen. Es gibt nur wenige, die so klug von Gespenstern zu erzählen wissen wie er. Sie geistern durch alles, was er schreibt oder inszeniert. Egal, ob ein einziger Schauspieler auf der Bühne steht, ob fünf oder zehn – stets wird sie von einer ganzen Sippschaft aus Wiedergängern bevölkert, von Abwesenden, die sich hinter den Anwesenden verstecken und wahlweise rechts oder links aus den Kulissen treten.

Sie folgen ihm überall hin, selbst wenn er gar nicht im Theater ist. Jedes Mal, wenn wir irgendwo verabredet sind, ob in einem Café oder zu Hause, habe ich das Gefühl, dass er in Begleitung kommt. Seine unsichtbare Truppe weicht ihm nicht von der Seite. Und weil auch ich nicht allein bin und eine ganze Riege von Seelen permanent mein Leben »dibbukt«, sind wir insgesamt viel zu viele am Tisch. Auch wenn er und ich allein sind, sitzen sie uns in der Überzahl gegenüber. Sie reden laut und mit vollem Mund. Sie fallen uns ständig ins Wort und reißen sämtliche Gespräche an sich.

Kurz nach dem 7. Oktober trafen wir beide – sprich: wir zehn, hundert oder noch mehr – uns im Café. Wir waren am Boden zerstört, und der Schlafmangel half uns nicht gerade dabei, eine »gute Figur« zu machen. Also sprachen wir von dem

Hass, der uns entstellte und der überall in der Welt hochkochte: da drüben, wo sie an ihn gewöhnt sind, und hier, wo wir so tun, als gäbe es ihn nicht mehr.

Er sagte mir, dass es unter all den Formen des Hasses eine ganz spezifische gebe, einen grundlegenden Hass, eine Verachtung der Juden, die alle anderen Varianten hervorgebracht habe. Seine Eltern hätten ihm viel Liebe, Zärtlichkeit und Zuneigung mitgegeben, aber auf seinem inneren Boden auch die Samen dieser vergifteten Pflanze ausgesät. Er wisse, dass dieses Kraut immer weiter in ihm wachse und sogar bereit sei, entsetzliche Früchte zu tragen. Er aber habe beschlossen, das Gelände auszutrocknen: das Sumpfgebiet weder zu gießen noch zu düngen. Niemals Unkraut wuchern zu lassen.

Was er sagte, war so überzeugend und mutig, dass ich den Eindruck hatte, dass all die Gespenster, die mit uns am Tisch saßen – seine und meine und selbst die, die zufällig vorbeikamen –, verstummt waren. Sie waren sämtlich sprachlos geworden. Sie wussten genau, dass sie es, sogar zu Lebzeiten noch, selbst nicht hätten besser sagen können. Er hatte ihnen den Wind aus den Segeln genommen.

Bei dem Gedanken an den Gärtner der Menschheit erinnerte ich mich an den berühmtesten Baum der Bibel, der in der Genesis wächst. Im Garten Eden erinnert »der Baum der Erkenntnis des Guten und Bösen« den Menschen daran, dass der Tod ihm gefährlich wird – ob er ihm zum Opfer fällt oder selbst mordet. Von diesem Baum aber »sollst du nicht essen; denn welches Tages du davon isst, wirst du des Todes sterben« (Genesis 2, 17). »Des Todes sterben?« Demnach konnte man also auch an etwas anderem sterben.

Noch weitere Gespräche haben mich mit aller Kraft ins Leben zurückgeholt. Insbesondere die, die ich in den letzten Wochen mit Kamel Daoud geführt habe.

Ich bewundere ihn schon seit Jahren. Als man uns nach dem 7. Oktober vorschlug, einen Dialog zu führen, packte ich diese Gelegenheit sofort beim Schopf. Denn dem anderen zu begegnen und Verbindendes zu entdecken, wird in Zeiten des Krieges zu einem Ding der Unmöglichkeit. Die Gesetze des Krieges gleichen sich jederzeit: Brücken werden bombardiert und Mauern verstärkt. Heute ist das Unter-sich-Bleiben so ausgeprägt, dass man nicht nur die Brücken, sondern auch deren Erbauer loswerden will. Wir konsolidieren die Festungsmauern dieser oder jener Gruppe. Und verstärken so unser aller Einsamkeit.

Ich ging also zu meinem Termin mit Kamel, um mich zu vergewissern, dass meine Zugbrücke noch unten war und begehbar blieb. Genau betrachtet, ist es merkwürdig, dass diese Art Brücke im Französischen einen so jüdisch klingenden Namen trägt: *pont-lévis*. Kein Wunder, dass sie so oft attackiert wird.

Auch bei meinem Termin mit Kamel waren viele andere Menschen zugegen. Nicht nur die Journalistin, die uns eingeladen hatte, sondern auch Tausende Gespenster, die unbedingt mit dabei sein wollten, damit wir ja nicht allein blieben.

Seine Gespenster aus Algerien, meine aus Osteuropa und all die Gespenster aus dem Nahen Osten, denen es immer gelingt, mehr Raum als die anderen zu beanspruchen. Ich fragte mich, in welcher Sprache sie wohl miteinander sprechen würden und ob auch sie in Opferkonkurrenz verfallen würden. »Ich habe mehr gelitten als du ...« – »Nein, ich ...«

Kamel ergriff das Wort und brachte sie alle unvergleichlich eloquent zum Schweigen. Das Leid des blutgetränkten Algeriens, die 200 000 Toten des schwarzen Jahrzehnts waren unter uns. Sie erinnerten uns daran, dass letztlich nur wenig über sie gesprochen wurde. Sie interessieren kaum jemanden. Aber was können wir schon dafür? Sie leben nicht im Nahen Osten und ich bin ja wohl nicht schuld daran, wenn sie nicht von Juden ermordet worden sind ... (Oy vey! Hier denke ich an alle, die diesen Satz wörtlich nehmen – und schaudere. Wahrscheinlich wäre es besser, ich würde ihn streichen. Aber gut, Kamel wäre einverstanden: Es würde unser Ende bedeuten, wenn wir auf Hintersinn und schwarzen Humor verzichten würden. Eine solche Zensur würde uns nur noch mehr in den Wehrtürmen der Identitären einschließen.)

Kamel zitiert gerne Mahmud Darwisch, den berühmten palästinensischen Dichter, der zu den Juden sagte: »Wisst ihr, warum wir, wir anderen Palästinenser, berühmt sind? Weil ihr unsere Feinde seid. (...) Wenn wir uns gegen Pakistan im Krieg befänden, hätte kein Hahn nach uns gekräht.«

Kamel kam auf den Judenhass zu sprechen und auf das, was er in der Welt, die ihn hervorgebracht hat, erzählt. Er sagte zu mir: »Weißt du, dass man da, wo ich aufgewachsen bin, alle Araber, die sich emanzipieren und eigenständig denken wollen, als Juden bezeichnet?«

Ich fand das unglaublich und wertete es zugleich als ein Signal der Hoffnung für die Antisemiten. Angesichts der Tatsache, dass wir in einer Zeit leben, in der nur wenige Menschen frei denken wollen und sich lieber alle an ein von der eigenen Sippe oder dem eigenen Lager vorgekautes Narrativ klammern, dachte ich, dass dieser Definition zufolge wohl bald kaum noch Juden auf der Welt übrig wären.

Und dann kam Kamel auf Nashörner zu sprechen. Er sprach nicht über die Flora, über Gärten oder gefährliche Pflanzen, sondern über die Fauna, die Zoologie und den Hang zum Bestialischen in uns allen.

Er rief mir das Theaterstück von Eugène Ionesco in Erinnerung, das ich vollkommen vergessen hatte, das Stück, in dem ein Mann feststellen muss, dass sich seine Mitmenschen in Nashörner verwandeln. Er fragt sich, ob er dem Geschehen Widerstand leisten und als einziger Mensch übrigbleiben kann. Er setzt alles daran, dass die Rhinozeritis seine Freiheit und Menschlichkeit nicht zerstört.

»Die heutige Rhinozeritis ist der grassierende Antisemitismus«, sagte Kamel.

Aber wie kann man Widerstand leisten, wenn aus all den vertrauten Gesichtern von Freunden, Bekannten und Angehörigen ein Horn wächst, während sie seelenruhig dabei zusehen, ja es noch nicht einmal bemerken?

Bei seinen Worten musste ich wieder an die Genesis denken, an den Anfang der Welt in der Bibel. Am sechsten Tag der Schöpfung werden sowohl die Tiere als auch die Menschen erschaffen, und man fragt sich beim Lesen zwangsläufig, was sie, die Nashörner und die Menschen voneinander trennt. Worin unterscheiden sich die einen von den anderen? Sind sie nicht alle Tiere? Nicht ganz, sagt die biblische Legende, denn der Mensch ist zu etwas imstande, was die anderen Lebewesen nicht vermögen. Er allein kann die Welt benennen und die Schöpfung bezeichnen. Und indem wir den Dingen einen Namen geben, sind wir zumindest teilweise verantwortlich für das, was aus ihnen wird. Ohne die Arbeit der Sprache bleiben wir alle Nashörner. Wenn die Worte keinen Sinn mehr haben, entstellt uns die Welt.

Erneut schwiegen die Gespenster in unserer Unterhaltung. Sie brauchten nicht mehr zu schreien, denn eine starke, zutiefst menschliche Stimme versicherte ihnen, dass wir sie nicht vergessen würden.

In den vergangenen Wochen haben mich diese Gespräche und viele weitere gerettet. Ich verspüre eine grenzenlose Dankbarkeit für die gerechten Stimmen, für die Stimmen der Gerechten, die in mein Leben gekommen sind wie ein Segen, eine Benediktion. Ganz buchstäblich: wie Worte, die Gutes reden.

Ich bin dankbar für die Fähigkeit dieser Stimmen, Bedrohungen deutlich wahrzunehmen, zu sehen, was wächst, ob in einem Garten oder einem Gesicht: den Samen, den uns nahestehende Personen einst gesät haben, oder die Epidemie, die die Worte geliebter Menschen plötzlich verdreht. Ihre Fähigkeit, antisemitische Diskurselemente bei ihnen, bei ihren Brüdern und Schwestern oder ihren Freunden aufzuspüren, hat mich erschüttert.

Selbstverständlich hat niemand das Monopol auf diesen Hass. Wenn er sich heute in arabischen oder muslimischen Köpfen festsetzt, ist er dort nicht mehr »zu Hause« als anderswo im Laufe der Geschichte. Hat er es sich nicht lange im christlichen Haus bequem gemacht?

Ich kann nicht umhin, an seinen theologischen Nährboden zu denken. An das, was die Juden für so viele christliche oder muslimische Denker hassenswert gemacht hat.

Eine der Wurzeln dieses Hasses liegt vermutlich in unserem Verhältnis zu den Ursprüngen.

Es war einmal ... so beginnen sämtliche Märchen und Legenden. Jeder erzählt sich auf seine Weise die Anfänge seiner Geschichte. Wie kompliziert es ist, sich einzugestehen, dass es vor uns immer schon etwas anderes gegeben hat! Wie schwer es zu verkraften ist, dass es in jeder Hinsicht schon andere Male vor dem eigenen »es war einmal« gegeben hat! Wie undankbar ist es für einen Menschen oder eine Religion, erst »danach« zu kommen! Alles gut verständlich. Das ist das Los des Jüngeren, der sich sein ganzes Leben lang fragt, warum sein großer Bruder schon vorher da war, vor seiner Geburt, in seiner Abwesenheit. Das Bild ist trivial, fast schon naiv, aber es spukt von Anfang an durch die Theologie. Durch sämtliche Theologien ...

Jahrhundertelang behaupteten die Christen, sie seien das *Verus Israel*, das geliebte Kind, das der ursprünglichen Botschaft die Treue hält und für das Bündnis einsteht, deren Klauseln im Neuen Testament neu verhandelt worden sind. Demnach glaubten sie, dass der älteste Sohn zugunsten eines viel kühneren Jüngeren enterbt worden sei. Der erstgeborene Jude, ein hinterlistiger Gottesmörder, hatte das jahrhundertealte Versprechen gebrochen. Blind gegenüber der Wahrheit, verdiente er das göttliche Vertrauen nicht mehr. Es galt noch bis zum Zweiten Vatikanischen Konzil zu warten, bis für die Christenheit eine andere Geschichte, ein anderes »ich war einmal« möglich wurde.

Auch die Muslime mussten ihr Verhältnis zu den Ursprüngen, insbesondere zum Einfluss der jüdischen Stämme auf ihren Propheten, überdenken. Mohammed hatte von einer Anerkennung durch die Kinder Israels auf der Sinai-Halbinsel geträumt, die sich nicht einstellen wollte. Warum versteiften sie sich darauf, die neue Botschaft nicht anerkennen zu wollen? Warum verweigerten sie sich der Bedeutung der neuen Religion? Manche muslimischen Theologen behaupteten, die Bibel sei nur eine Kurzfassung des einzig authentischen Textes, des Korans. »Es war einmal ... eine Lüge«, sagten sie. Und ein andermal offenbarte sich plötzlich die Wahrheit. Die Wahrheit des Islams, die von anderen angeblich verfälscht worden war.

Es geht also nach wie vor um die Frage der Ursprünge. Und bekanntermaßen kehrt man am Ende immer wieder zum Anfang zurück. Zu dem, was vor uns war, vor unserer Geburt oder unserer Offenbarung.

Wenn es jemanden vor mir gab, was schulde ich dann demjenigen, der mir vorangegangen ist und mich vermutlich beeinflusst hat? Hoffentlich gar nichts ... sonst stünde ich ja bei jemandem in der Schuld, und was wäre ärgerlicher als das? Ach ja, und dann die Tatsache, nicht sein eigener Ursprung zu sein. Genau betrachtet ein Skandal. Nein, was sage ich, der blanke Horror! Denn damit ist nichts mehr rein, schon gar nicht der Anfang.

Oy a brokh'! Es ist nur zu gut verständlich, dass diese Vorstellung die Fundamentalisten und sämtliche Orthodoxien in Rage brachten. Denn diese gründen sich vor allem auf den Mythos der Reinheit – die Reinheit des Körpers, der Praktiken, der Gewohnheiten und vor allem der Ursprünge. Oder um noch einmal Molière zu bemühen: Unterdrücken Sie diesen Schluchzer, den ich nicht hören will!

Ein gefundenes Fressen für die Psychoanalyse, die darin vermutlich die Veranschaulichung eines grundlegenden, universellen Bedürfnisses sah: wieder und wieder »den Vater zu töten«. Töten, was vorher kommt; denjenigen töten, dem man etwas schuldet; denjenigen, dessen Gesetz sich anmaßt, uns zu etwas zu zwingen.

Aber wie steht es mit den Juden? Auch sie müssen ja irgendwo herkommen. Auch sie stehen zwangsläufig in jemandes Schuld und haben einen Vater, den sie gern töten würden, wie alle anderen auch. Niemand bringt sich selbst hervor. In wessen Schuld stehen also sie? Gegen wen können sie ihren Zorn richten, um ihrer unreinen Herkunft beizukommen?

Ganz einfach: Sie brauchen sich nur gegen die Zivilisationen zu wenden, die ihnen vorangegangen sind oder die sie irgendwann beeinflusst haben. Gegen bedeutende Kulturen, deren Spuren und Einflüsse sich bei ihnen finden. Auch das

Judentum ist verschuldet. Es ist das Kind seiner Begegnung mit den Ägyptern, den Chaldäern, den Kanaanitern, den Persern, den Sumerern und vielen anderen. Sie haben es geprägt.

Doch glücklicherweise sind sie mittlerweile (fast) alle verschwunden! Sie haben nur Ruinen hinterlassen, aber keine lebendigen Völker, die Anspruch darauf erheben, ihre Nachkommen zu sein. Es gibt keinen offiziellen Erben, mit dem man sich ein Haus teilen oder, schlimmer noch, um das Testament streiten müsste. Es ist deutlich einfacher, sich seiner Herkunft zu stellen, wenn die, die diese Herkunft verkörpern, elegant genug gewesen sind, sich aus dem Staub zu machen.

Die Christen und Muslime haben leider Pech gehabt, denn die Juden sind noch da. Sie sind nicht nur überall, sie sind auch unverwüstlich. Selbst wenn man sie umbringt, kommen sie immer wieder, so wie sie von Anfang an da waren. Es ist zum Verzweifeln! Natürlich wäre es ideal, ihre Spuren zu verwischen; auszuradieren, was einmal war, um ihnen bloß nichts zu schulden. Doch das verlangt eine enorme Anstrengung. Oder eher ein Wunder.

Vor einigen Wochen bin ich auf Social Media jemandem begegnet, der sich dieses Wunder offenbar zutraute. Auf seinem Benutzerprofil wandte sich dieser Mann ein paar Tage vor Weihnachten gerührt an die Millionen Menschen auf der Welt, die bald die Geburt eines jüdischen, in Bethlehem vor mehr als zweitausend Jahren geborenen Kindes feiern würden. In einem anderen Post zum israelisch-palästinensischen Konflikt kommentierte dieselbe Person: »Wie jeder weiß, gab es vor 1948 keine Juden auf dieser Erde.« Ein Weihnachtswunder: im Bewusstsein dieses Mannes konnten die Juden also gleichzeitig da gewesen und nicht da gewesen sein. Sie konnten aus der betreffenden Region stammen und trotzdem keinerlei Verbindung zu ihr haben.

»Lieber Weihnachtsmann,
dieses Jahr war ich sehr brav. Als Geschenk wünsche ich
mir … eine Zaubertafel. Ich würde zu gern meine Wider-
sprüche wegwischen und alles auslöschen, was mich in
der Geschichte stört. Ja, ich will sie nach eigenem Gusto
neu schreiben und diesmal bei mir selbst beginnen.«

Vielleicht erträumen wir uns alle auf unsere Weise, den Anfang
unserer Geschichte ändern zu können. Alles Vorangegangene
auszuradieren, um den Ursprung der Welt neu denken zu können … ihn sich frei erfunden auszumalen.

Auch ich denke über diese Dinge nach, während ich versuche, meine Schlaflosigkeit zu bekämpfen.

4 Uhr 28, ich schnappe mir meinen Laptop und gebe »Ursprung der Welt« in eine Suchmaschine ein. Natürlich erscheint jetzt ein Bild – ich hätte gleich daran denken sollen: Mir
springt das berühmte, gleichnamige Gemälde von Gustave
Courbet ins Gesicht, das eine leicht geöffnete Vulva zeigt.

In meinem nächtlichen Wahn lasse ich meine Gedanken
schweifen. Und wenn das Problem in Wirklichkeit daher käme?
Wenn der Keim des Antisemitismus dort verborgen wäre? Weniger im Willen, den Vater zu töten, als im Hass auf die Mutter,
auf die Matrix der Welt? Im Willen, das Loch nicht zu sehen, das
uns geboren hat; zu vergessen, dass ein anderer bereits vor uns
dort war, unseren Ursprung möglicherweise geliebt, geehrt
oder geschändet hat, ja, dass wir sogar nur deshalb auf der Welt
sind.

Kann es sein, dass wir den Juden genau das vorwerfen, ein
Loch in unserem Bewusstsein zu sein, das wir weder sehen
noch erkennen wollen? Ein Rätsel zu sein, mit dem wir nicht
mehr konfrontiert werden wollen wie mit dem Gemälde Cour-
bets? Der unerträgliche Ursprung der Welt!

Am Anfang, berichtet die Bibel, wurde die Menschheit gleichzeitig mit dem Tierreich, mit den Nashörnern und Katzen, erschaffen. Und dahin kehrt sie wieder zurück, sobald sie nicht mehr benennen kann, was ihr widerfährt. Obwohl diese Menschheit genau weiß, dass in ihrem Garten gefährliche Bäume wachsen, die rasch das Böse in ihr zum Keimen bringen und den Tod säen können, zieht sie es meist vor, die Kletterpflanzen des Hasses zu gießen und ihnen zuzusehen, wie sie sich um ihre Frustrationen ranken.

In der Genesis ist der entmenschlichende Hass ein ständiges Thema. Sogar die Wörter sind die gleichen. Es gibt dort einen immer wiederkehrenden Satz, gewissermaßen ein Stottern der Ursprünge:

»Es wurde Abend, und es wurde Morgen: erster Tag ... Es wurde Abend, und es wurde Morgen: zweiter Tag ... Es wurde Abend, und es wurde Morgen: dritter Tag ...«

So wird jeder weitere Schöpfungstag eingeführt. Erst Abend, dann Morgen.

Aus dieser einfachen Aufzählung leitet die jüdische Tradition ein überraschendes Gesetz ab, ihren Kalender: Der Tag beginnt nie mit dem morgendlichen Sonnenaufgang, sondern immer abends, mit dem Sonnenuntergang. Der neue Tag beginnt nie im Licht, sondern immer in der Dunkelheit. Kaum ist es dunkel geworden, ist schon morgen.

In Wirklichkeit wissen wir es alle: Am Anfang herrscht keine Helligkeit, sondern nur Dunkel. Nie finden wir dort, was wir sehen, sondern immer das, was wir weder sehen noch wissen können.

Wenn wir wissen, was wir der Nacht vor unserer Geburt zu verdanken haben, beginnt die Welt stets aufs Neue. Mit dieser Erkenntnis tun sich alle Fundamentalisten und Hassverfechter schwer: Es hat eine Nacht vor ihrer Geburt gegeben, der Tag ist bereits vor ihnen angebrochen. Und die Leugnung alles Vorangegangenen hat mit ihrem Hass auf die anderen, namentlich auf die Juden, zu tun, mit dem schwarzen Loch ihrer Geschichte.

Mitten in meiner eigenen Nacht und Schlaflosigkeit rufe ich mir all das immer wieder in Erinnerung.

Seit dem 7. Oktober ist es so dunkel. Doch in dieser Finsternis blitzen Lieder und Leute, kostbare Stimmen und Begegnungen auf. Menschen, die vor mir da gewesen sind, in der Nacht meiner Frühgeschichte. Ich will glauben, dass es mit ihnen schneller Tag wird.

IX

Gespräch mit
Israel

Links ... rechts ... links. Vor ein paar Wochen habe ich mit dem Boxen angefangen. Das hätte ich selbst nie für möglich gehalten. Es passt überhaupt nicht zu mir. Ich fand diesen Sport bisher immer grotesk. Links ... rechts ... links – zuzuschlagen, um sich zu entspannen. Sich abzureagieren – als gäbe es nicht so schon genug Gewalt auf der Welt.

Und jetzt kommt zweimal pro Woche ein Coach zu mir nach Hause. Sobald er an die Tür klopft, schalte ich die Nachrichtensender aus. Ich öffne ihm und habe das Gefühl, mit den Fäusten alles abzustoßen, was meine Augen nicht aufnehmen wollten. Ich eise mich von den Kriegsbildern los und konzentriere mich stattdessen auf meine eiserne Faust. Mein Coach korrigiert meine geraden Schläge und verbessert meine Haken. Er erläutert mir, wie ich meine Kampfstellung optimieren, meinen Angriff vorbereiten und meine Verteidigung konsolidieren kann. Ich schnaufe und schwitze, mein Herz schlägt schneller. Manchmal lache ich über die Handgriffe und Wörter, die er gebraucht. In Kriegszeiten wirken sie wie die harmlose, »distanzierte« Version einer anderen Wirklichkeit, die mich nicht mehr loslässt. Angriff, Gegenangriff, Rundenpause, Ende der Rundenpause ... Links ... rechts ... links. Ich schlage zu.

Links und rechts, ich muss dabei an das politische Spektrum

denken. Vor allem an die Linke, die von der aktuellen Situation k. o. geschlagen wurde; an die politischen Meinungen, die für viele von uns nichts mehr bedeuten oder ihre klare Richtung verloren haben. Früher wussten wir, wo wir im Ring standen. Wir tänzelten in einer Ecke herum. Das war unser Gebiet, unsere Komfortzone. Damit ist jetzt Schluss!

Es ist verrückt, wie viele linke Freunde inzwischen nach rechts gewechselt sind. Nicht in ihren eigenen Augen, aber für die, unter deren Beobachtung sie stehen. Obwohl sie sich keinen Zentimeter von der Stelle bewegt haben, scheint es, als hätte man ihnen den Teppich unter den Füßen weggezogen, während die Menge sie auf einmal als »Faschisten, Konservative, Reaktionäre!« beschimpft.

Genauso verrückt ist es, wie viele Vertreter der Linken sich von den Grundwerten ihres Lagers lossagen und einen Diskurs vertreten, den man eigentlich den Ultrarechten zuschreiben würde, weil er sich um identitäre Obsessionen oder ethnischen Klientelismus dreht. Überall Ausweichmanöver, während die Sprache heftige Kinnhaken abbekommt. Ich zum Beispiel war es gewohnt, auf Social Media als »dreckige, viel zu liberale Linke ohne jeden Sinn für Traditionen« bezeichnet zu werden. Damit hatte ich mich schon abgefunden. Jetzt verstehe ich allerdings die Welt nicht mehr. Der Schiedsrichter hat offenbar gewechselt, denn mittlerweile gelte ich als »Rassistin, Zionistin und Komplizin des Völkermords«.

Manchmal poste ich etwas, das von Personen aus dem rechtsextremen Lager »gelikt« wird, die mich vor Kurzem noch mit einem Linkshaken abserviert hätten. Ihre Dankbarkeit und Unterstützung sind schwer zu ertragen. Gleichzeitig lassen mich langjährige Kampfpartner:innen plötzlich fallen und setzen alles daran, um den *full contact* mit mir zu vermeiden. Das ist äußerst irritierend.

Wenn die Worte nicht mehr viel bedeuten, kann man auch gleich kompletten Unsinn reden.

Am liebsten mit Humor. Neulich, wir hatten uns gerade zu Tisch gesetzt, beschloss ich zum Beispiel, meine Kinder mit einem dreistufigen Angriff zu überraschen, um ihre Reflexe zu trainieren: »Meine Lieben, ich habe euch drei Dinge zu sagen. Eure Mutter hat eine Leidenschaft fürs Boxen entwickelt, sie ist politisch rechts, und sie will auf keinen Fall, dass ihr nach Harvard geht.«

Wir haben sehr gelacht, denn mindestens ein Element dieser grotesken Zusammenstellung entsprach der Wirklichkeit, nur welches? Keiner von uns wusste es. Die Welt hatte sich dermaßen verändert. Wir hingegen weniger ...

Savate-Boxe Française, Thaiboxen, englisches Boxen ... Viele Kulturen haben ihre eigenen Kampfsporttechniken entwickelt. Merkwürdigerweise haben sich die Juden lange nicht an diesem Wettkampf beteiligt. Oder hat schon einmal jemand etwas vom jiddischen Boxen gehört? Weder mit Faustschlägen noch Fußtritten – meine Vorfahren haben wohl anders zu kämpfen gelernt. Zum Beispiel als Punching-Ball der anderen, bereit, Schläge einzustecken, ohne selbst austeilen zu können ... sie haben gelernt, mit anderen Mitteln zu antworteten, indem sie sich anpassten, sich sehr schnell und sehr weit davonmachten; indem sie mit Kopf und Füßen auswichen, um anderswo überleben zu können.

Seltsam. Es wäre nämlich ein Leichtes gewesen, in der Bibel Inspirationsquellen und Kampfvorbilder zu finden. Angefangen bei einem Mann, der in sämtlichen Kategorien des Ringens Champion war. Man hätte es ihm nur nachtun müssen. Die Genesis erzählt seine berühmte Geschichte.

Es war einmal ein Junge namens Jakob, der in einer Familie biblischer Patriarchen geboren wurde, in einem gelobten Land … mit vielen Scherereien. Und wie es das Pech so wollte, wurde dieser Junge nicht allein geboren. Er hatte einen Zwillingsbruder, Esau, mit dem er offenbar von Anfang an kaum etwas gemein hatte.

Jakobs Haut ist glatt. Er ist verletzlich und sanft, hat etwas Weibliches an sich. Jakob ist der Liebling seiner Mutter, die ihn beschützt, weil er verwundbarer ist.

Esau hingegen ist behaart, sieht aus, als trüge er einen rötlichen Pelz. Er ist stark und muskulös. Schnell wird er zu einem begabten, grausamen Jäger: ein Mann, der draußen nach Abenteuern sucht und sich ebenso entschlossen wie furchtlos neue Gebiete erobert.

Die Rivalität zwischen den Brüdern wächst stetig. Jakob geht irgendwann von zu Hause weg, um fern von diesem Bruder, der ihm so unähnlich ist, sein Leben zu meistern. Doch eines Tages läutet die Stunde der Wahrheit. Jakob weiß, dass er nach Hause zurückkehren und seinem Zwillingsbruder gegenübertreten muss. Er muss seiner Vergangenheit ins Auge sehen. Der Bibeltext gibt keine Auskunft darüber, ob er sich auf einen Kampf vorbereitet, indem er nackt durch den Schnee läuft oder im Laufschritt einen Berg erklimmt wie Rocky Balboa. Die Bibelleser:innen verstehen trotzdem, dass sich eine Konfrontation anbahnt. Allerdings nicht die, mit der Jakob rechnet.

Der berühmteste Kampf der biblischen Literatur findet mitten in der Nacht statt, am Ufer eines Flusses. Jakob ist allein unterwegs, als plötzlich sein Gegner vor ihm steht. Ist es ein Mensch? Ein Engel? Eine Halluzination? Sein Gewissen? Der Text schweigt dazu, und das ist auch nicht die zentrale Frage. Das Einzige, was zählt, ist die Konfrontation.

Das Ringen dauert die ganze Nacht. Am frühen Morgen gelingt Jakob, dem vermeintlich Verletzlichen und Verwundbaren, der Sieg. Sein Gegner wirft die Handschuhe fort, kann seinem Kontrahenten aber dennoch eine Blessur zufügen. Nicht irgendwo, sondern an der Hüfte. Sein Gelenk wird verrenkt, und er begreift, dass er für immer hinken wird. Jakob wird nie mehr aufrecht, nie mehr festen Schrittes gehen können. Er wird seinen weiteren Weg humpelnd zurücklegen müssen. Da macht ihm sein Gegenüber, der Verlierer, der aufzugeben gezwungen ist, ein merkwürdiges Geschenk in Form eines Segenswunsches: »Künftig wirst du nicht mehr Jakob heißen, sondern Israel*, denn du hast mit Gott gerungen und gewonnen.«

Ende der Begegnung. Die beiden Boxer verlassen den Ring. Doch eigentlich sind es die aufmerksamen Leser:innen, die nach der Lektüre des Textes k. o. sind, weil sie zwangsläufig von einem Detail erschlagen werden: Der Name Israel, der heute, ob positiv oder negativ konnotiert, durch die Köpfe so vieler Menschen spukt, hat hier seinen Ursprung! In der Bibel ist Israel kein Land und weder der Name eines Volkes noch der eines Mannes. Israel steht für die Identität eines kämpfenden Wesens, das für immer die Spuren eines Ursprungskampfs bewahren wird.

Das ganze Paradox dieser Begebenheit beruht auf folgender Aussage: Der verletzliche Junge wird nicht deshalb zum siegreichen Mann, weil sein Körper intakt bleibt, sondern eben weil er sich verwundet weiß. Als Jakob ist er noch unversehrt. Erst mit seinem Triumph verwandelt er sich in einen Hinkenden. Auf immer und ewig aus dem Gleichgewicht gebracht, trägt er den Namen des Kämpfenden.

Jakobs Körper ist makel-, aber auch wehrlos. Israels Körper ist versehrt, aber imstande, Angriffe abzuwehren.

Praktisch die gesamte jüdische Geschichte verdichtet sich

---

* Israel geht auf die hebräische Wurzel »mit Gott kämpfen« zurück.

in diesem Kampf zwischen Staaten und Identitäten. Jahrtausendelang waren die Juden Jakob: verletzlich und verwundbar, wehrlos den Esaus der Geschichte ausgesetzt, die sie auf dem Boden, auf dem sie sich anzusiedeln hofften, verfolgten oder ermordeten.

Wie Jakob warf man ihnen vor, listig und verräterisch zu sein, sich widerrechtlich etwas anzueignen, kein Vertrauen zu verdienen. Sie mussten versuchen, sich mit anderen Mitteln zu verteidigen, indem sie mit Worten, Bündnissen oder Wissen jonglierten. Als Kampftechnik nahmen sie so gut wie nie das Boxen in Anspruch. In der Klasse »Schwergewichtslast auf den Schultern« stiegen sie nie in einen Ring, in dem sie ihre Wanderschaft hätten ruhen lassen können; nie kamen sie in den Genuss einer Autorität, die zu ihren Gunsten entschieden hätte.

Im Jahr 1948 gründete sich ein Land auf die abwegige und zugleich anrührende Idee eines Rückspiels. Ein »Nie wieder«, das Jakob zum späteren Israel machen sollte. Sein Narrativ würde das eines Kampfes sein – nicht, um zu siegen, sondern um zu überleben, und genau diese biblische Erzählung begleitet das zionistische Vorhaben einer jüdischen Souveränität von Anfang an. Im idealen Staat sollte ein »anderer« Jude leben, einer, der seine Hände zu gebrauchen weiß, nicht nur seinen Kopf oder seine Füße, ein Mann, der pflanzt und boxt, der die Erde bestellt oder Schläge pariert. Eine Spezies sollte sich dort ansiedeln, die nach Edlem strebt, in der Redekunst im Besonderen, aber auch in allen anderen Künsten. Die Geschichte ist hinreichend bekannt. Manche finden sie banal oder lügenhaft, werfen dem Vorhaben widerrechtliche Aneignung oder Kolonialismus vor. Es steht ihnen frei, die Geschichte zu vergessen – zu vergessen, wie ein Teilen hätte aussehen können oder was ein Friedensabkommen bedeutet hätte.

Heute kennen wir die Fortsetzung etwas besser.

Am 7. Oktober hat sich ein merkwürdiges Phänomen ereignet. Viele von uns hatten den Eindruck, dass sich der Kampf der Genesis wiederholte, nur umgekehrt. Israel verwandelte sich schlagartig wieder in Jakob und stürzte in eine furchterregende Nacht.

Jakob meldete sich zurück, jedoch nicht auf den Wegen der Diaspora, die er so gut kannte, sondern auf dem Boden Israels, wo ihm kein Platz zustand; an dem Ort, der ihn eigentlich doch von seiner Ohnmacht hatte befreien wollen. Und dieses Land mit der verrenkten Hüfte und dem defekten Körper war von seiner militärischen, ökonomischen oder strategischen Macht nicht geschützt worden.

Von diesem Tag an glich der Israeli seltsamerweise einem Juden aus der Diaspora – die gleichen Gesichtszüge, der gleiche Schmerz, die gleiche Ohnmacht. Er hinkte ebenso stark wie wir. *Am 7. Oktober meldete sich Israel laut und vernehmlich in der jüdischen Geschichte zurück.*

Zwei Wochen zuvor, am 24. September, stand ich an Jom Kippur in Paris vor meiner Gemeinde und hielt eine Predigt, die ich nur zögerlich verfasst hatte. Sie handelte von Israel, und ich wusste, dass manche Gläubige an ihrem Inhalt Anstoß nehmen würden: »An Jom Kippur über Politik reden, was für eine Idee! Willst du wirklich die Mitglieder deiner Gemeinde gegeneinander aufhetzen?« Mit einem Kloß im Hals und geballten Fäusten trat ich vor, als gelte es, in den Ring zu steigen. Ich sprach meine Worte mit großer Beklommenheit aus.* Es fällt mir schwer, sie heute wieder zu lesen, so sehr gleichen sie einer tragischen Vorahnung. Damals sprach ich über die Gefahr, der Israel sich, immer wenn es sich für unfehlbar hielt, aussetzte;

---

*   https://www.tenoua.org/dh_kn_yk_5784/

immer, wenn es meinte, angekommen zu sein und seine Besitzansprüche als vollkommen legitim erachtete; immer, wenn es das Gesicht des anderen, seines Gegenübers vergaß. Immer dann trat es die jüdische Geschichte und die Lektionen der Verletzlichkeit mit Füßen. Vor meiner versammelten Gemeinde kritisierte ich am höchsten Festtag des jüdischen Jahres die Politik der amtierenden israelischen Regierung, ihre Überheblichkeit und die von manchen Ministern ausdrücklich kultivierte Machthybris. Ihr Kult der Erde und der religiösen Überlegenheit ist meines Erachtens das genaue Gegenteil dessen, was die jüdische Weisheit uns lehrt. Nicht von ungefähr nennt sich ihre Partei Otzma Jehudit, »Jüdische Stärke«, als passten diese beiden Wörter wirklich zusammen.

Für meine Begriffe hat das Judentum nichts mit Stärke zu tun. Das bedeutet keineswegs, dass es zur Schwäche verurteilt ist; es bedeutet nur, dass es auf seine Fähigkeit bauen kann, sich mit seiner Verletzlichkeit zu arrangieren. Wie Jakob, der Israel wird, versucht auch das Judentum, mit allem Zerbrechlichen zurechtzukommen und sich auf den Makel als Raum seiner Resilienz, sprich seines Überlebens, zu stützen.

Wenn Jakob nicht so handelt, findet sein Kampf zwangsläufig einen anderen Ausgang.

Wenn Jakob sich nicht in Israel verwandelt, wird er Esau, ein Mann der Stärke, der nichts anderes kennt und nur für diese Stärke lebt, ein Mann, der die Erde vergöttert und sich ihre Bewohner untertan macht. Ich, die kleine Jüdin aus der Diaspora, Erbin sämtlicher hinkender Jakobs der Geschichte, schaue auf dieses Land, das ich liebe, und fürchte mehr als alles andere seine »Esauisierung«. Ich würde mir so sehr wünschen, dass es aus dieser Nacht anders hervorgeht: durch seine Verwundung verwandelt.

Ich bin allerdings nicht naiv. Ich weiß, warum die Stärke zur fixen Idee geworden ist. Man muss schon sehr wenig von Geschichte oder Psychologie verstehen, um das zu verkennen. Die Erinnerung an die Vergangenheit in der Diaspora und die ständigen Kriege mit seinen Nachbarn haben die Obsession Israels mit jedem weiteren Jahr verstärkt. Wo das Exil den Juden untersagte, stark zu sein, untersagt Israel ihnen, schwach zu sein. Und so kommt es zu einer dichten Abfolge von Schlägen und Kämpfen, so wie uns die politischen Umschwünge exakt dorthin katapultieren, wo wir eigentlich um nichts auf der Welt sein wollten ... links ... links ... rechts ... rechts ... ultrarechts ... Nationalistischer und messianischer Uppercut.

Bei jeder Sitzung sagt mein Coach mir das Gleiche. Es gebe eine Methode, um den Kampf für sich zu entscheiden: Man müsse zwischen offensiven und defensiven Momenten wechseln. Zwischen solchen, in denen man sich in der Lage fühlt, anzugreifen und seinem Gegner eine Schlappe zuzufügen, und anderen, in denen man bereit ist, zurückzuweichen, um dem anderen beim Kämpfen zuzuschauen. Man beobachtet ihn. Lässt ihn herankommen. Gewährt ihm Raum. Er gibt seine Blöße zu erkennen, während wir zum Gegenschlag ansetzen. Offensive und defensive Momente. Ich weiß nicht, ob das derzeit im Krieg befindliche Israel in der Lage sein wird, diese Lektion zu beherzigen: Jakob die Treue halten und nicht zu Esau werden.

Seit dem 7. Oktober folgt ein Kampf auf den nächsten. Es ist stockfinster über der Welt, wie in der Genesis im Augenblick des Ringens. Und ich weiß weder, wann der Morgen aufziehen, noch, ob er einen Segen mit sich bringen wird. Weder, welchen Namen der Sieger erringen, noch, ob es überhaupt einen geben wird. Was hat er aus seiner Stärke gelernt? Wird er sich unbesiegbar fühlen – das Schlimmste, was ihm passieren könnte? Oder wird er so weise sein und auf dem Grund dessen, was in ihm zerbrochen ist, eine gerechte Gesellschaft begründen?

X

Gespräch mit
dem Messias

Seit Wochen führe ich einen Dialog mit einem dumpfen
Schmerz. Dieser Schmerz ist so zäh und taub, dass er auf meine
Appelle nicht antwortet. Er überhört mich oder will nichts wissen, weder von meinen Argumenten noch von meinen Bitt-
schriften. Er bleibt untröstlich. Ich kann sanft auf ihn einreden,
ihm jiddische Wiegenlieder vorsingen oder versuchen, ihn zum
Lachen zu bringen. Ich kann glückliche Erinnerungen und die
Stimmen geliebter Gespenster heraufbeschwören, ihm zuge-
wandte Freunde vorstellen, die ihn umsorgen, ich kann ihm all
die Liebe meiner Kinder angedeihen lassen – nichts vermag ihn
zu besänftigen, ich stehe ihm ohnmächtig gegenüber. Er pfeift
auf meine Worte. Und meine Gebärdensprache versteht er
nicht.

Ich wiederum habe ein ausgezeichnetes Gehör. Ich höre die,
die mir sagen: »Reiß dich zusammen. Denk an morgen.« Ganz
deutlich höre ich auch diejenigen, die mich direkt ansprechen
und fragen: »Und was ist mit dem Schmerz der anderen? Siehst
du nur deinen eigenen? Willst du von ihrem denn nichts wissen? Hast du kein Mitgefühl für die andere Seite?«

»Die andere Seite« … Oft wird so geredet, als träfen geg-
nerische Mannschaften bei einem internationalen Sportwett-
kampf aufeinander, als müsste man als guter »Fan« die Gegen-
seite ausbuhen, die eigenen Vereinsfarben hochhalten und

über die Schmach der anderen jubeln. Ich hasse Menschenmengen und ihre verletzende Psychologie.

Ich sehe die Bilder aus dem Nahen Osten, die Tragödie der einen und der anderen. Selbstverständlich erklärt sich mein Schmerz aus all dieser Verzweiflung: aus der nicht enden wollenden Trauer Israels, aus dem Wehgeschrei der palästinensischen Mütter, aus den zerbrochenen Leben, deren Geschichten man eigentlich jede für sich erzählen müsste. Im Namen des Kontextes, selektiver Erinnerungen oder identitärer Schulden möchten uns irgendwelche Dreckskerle jedoch zu einer teilweisen Taubheit zwingen. Wir dürfen jeweils nur die Stimmen hören, die auf der einen oder der anderen Seite laut werden: in den Kibbuzim des Negev und den trauernden Familien Israels, oder aber in den Ruinenfeldern im Gazastreifen und den Dörfern im Westjordanland.

Und dann werde ich eingeladen (manchmal auch nachdrücklich aufgefordert ...), über das Schicksal der Palästinenser zu sprechen, als besiegelten die Tränen für »meine Leute« zwangsläufig meine unmenschliche Haltung gegenüber der anderen Seite.

»Los, nun sag schon, wie furchtbar das ist. Sag es! Lauter! Öffentlicher!«

Immer wieder versuche ich, die richtigen Worte zu finden. Ich schreibe oder sage etwas, das auf der Hand liegt – »Es ist grauenhaft!« –, und merke sofort, dass meine Sprache den falschen Weg einschlägt und mir den Atem nimmt. Danach weiß sie nicht mehr genau, wohin mit sich. Denn die Aufforderungen meiner Gesprächspartner haben etwas Anklagendes. Wenn man mich um eine Äußerung bittet, erwartet man nie von mir, dass ich einfach meine Gefühle oder meinen Schmerz zum Ausdruck bringe, sondern immer, dass ich einen starken Appell formuliere. Ich werde aufgefordert, meinerseits jemand anders zum Handeln aufzufordern: die Juden oder die Araber, die UNO, die Welt, Gott, den Papst oder das Rote Kreuz … Das Grauen auszusprechen genügt nicht, es bedarf immer auch einer Anklage.

Damit erscheint jeder Diskurs plötzlich schuldig, albern oder feige, je nachdem. Auf der einen Seite stehen die »gelehrten« Worte derer, die hemmungslos »kontextualisieren« und uns die Tragödie, ihre historischen Ursprünge oder ihre moralische Notwendigkeit erklären.

Auch mehr oder weniger wohlgesinnte Stimmen werden laut, die eine »Waffenruhe« verlangen – weiter nichts. Als sei sie ein Selbstzweck. Als gäbe es kein Morgen, und als trügen wir nicht gleichzeitig auch die Verantwortung für die in Zukunft zu schützenden Zivilpersonen.

Die Waffen ruhen zu lassen, das erscheint in der Tat sehr einfach: wer wollte sie nicht schweigen sehen und auf der Stelle in Frieden leben? Wenn man nicht gerade ein Extremist ist, kann man diese Offensichtlichkeit tatsächlich nur begrüßen … es sei denn, sie blendet andere Fragen von Leben oder Tod aus: Wie kann den Israeli garantiert werden, dass sie morgen vor einem neuerlichen Angriff der Hamas geschützt sind? Wie lassen sich die Palästinenser vor einer islamistischen Führung bewahren, die stets ihre Emanzipation verhindern wird? Wie kann es gelingen, Palästina von denen zu befreien, die so tun, als würden sie es verteidigen, obwohl sie es in Wirklichkeit instrumentalisieren und ihm Gewalt antun? Wie können wir Israel vor einer Regierung retten, die politisch wie moralisch verkommen ist, während sie allein sich selbst als rechtmäßig und dem Judentum treu ergeben betrachtet?

Wie sollen die Waffen im Bewusstsein der Kriegstreiber zur Ruhe kommen? Wie kann man sich gegen diejenigen wappnen, die hier wie dort in Tausenden Kilometern Entfernung die Hoffnung auf Frieden torpedieren, weil sie die Zukunft terrorisieren?

Gemeinsam mit vielen anderen suche ich nach Worten, nach denen, die den Palästinensern UND den Israeli wirklich bedeuten würden, dass mich ihr Schmerz niemals gleichgültig lassen wird, dass man mit den einen UND den anderen weinen kann und darf.

Es liegt jedoch im Wesen des Krieges, dass er, zusammen mit den Unschuldigen und jeder Form der Differenziertheit, auch die Sprache tötet. Alles Gemäßigte verstummt, während die Radikalität aus Leibeskräften brüllt. Es werden Slogans gegrölt und alle gemäßigten Positionen in Geiselhaft genommen.

Seit dem 7. Oktober würde ich sie so gern aufspüren und befreien. Doch die Sprache versagt ... eben weil sie immer wieder ein »aber« enthält, das den Schmerz der einen und der anderen weiter schürt.

»Am 7. Oktober sind verabscheuungswürdige Taten begangen worden, ABER ...«

»Jüdische Frauen sind vergewaltigt worden, ABER ...«

»Das Schicksal der Kinder im Gazastreifen ist furchtbar, ABER ...«

»Unschuldige sind als menschliche Schutzschilde benutzt worden, ABER ...«

Mich kotzen diese ständigen »aber« an, die die Verantwortung der einen und der anderen mit Füßen treten und unsere Menschheit töten. Wie gern würde ich sie ausmerzen! Aus purer Notwehr.

Ich höre die Stimme meines Großvaters, des Grammatikliebhabers, der mich wieder und wieder meine Grundschullektionen aufsagen lässt:

»Meine große Kleine, denk daran, dass >aber< eine Konjunktion ist. Um dir das zu merken, brauchst du dir nur die ganze Reihe aufzusagen: >Aber, oder, und, also, nun, weder, denn<, auf Französisch ist es kinderleicht: >Mais, ou, et, donc, or, ni, car<. Ist das nicht eine schöne Eselsbrücke: >Mais où est donc Ornicar<?«

»So einfach ist das auch wieder nicht, Großpapa. Dafür müsste man immerhin wissen, wer dieser Ornicar ist, der verschwunden ist, und wo er sich versteckt hält. Ich glaube nicht, dass ich ihm schon einmal begegnet bin.«

»Na, dann denk ihn dir doch einfach aus. Stell dir vor, es ist ein Pseudonym, der Spitzname von jemandem, den du magst, von einem Freund, einer Bekannten oder einem Besucher, den du ungeduldig erwartest. Los! Trau dich! Versuche zu antworten: >Nun sag schon, meine große Kleine … wo ist denn Ornicar? Müsste er nicht schon lange da sein?«

Ich höre meinem Großvater zu und gehorche ihm. Ich beschließe, meine Hoffnung, meinen Traum vom Frieden so zu nennen. Ich stelle mir vor, wie sich Ornicar irgendwo verschanzt hat. Nur gut, dass er unauffindbar bleibt. Von einer Epoche zur nächsten ein nicht enden wollendes Warten auf Ornicar, so wie das Warten auf Godot. Das Bühnenbild wechselt, das Theater zieht um, aber die Verfolgungsjagd geht weiter. Er wird sogar immer unauffindbarer, jedes Mal, wenn wir ein »aber« in unsere Sätze einbauen, jedes Mal, wenn es uns nicht mehr gelingt, den Schmerz eines anderen zu beklagen, indem wir ihm schlicht zur Seite stehen und uns von jedem Kontext freimachen – in einem alles umspannenden Mitgefühl mit dem Menschen.

»Aber wo ist denn Ornicar?«

Wir warten auf ihn wie auf den Messias und schaffen gewissenhaft die Bedingungen für sein Nicht-Eintreffen. Je mehr wir von ihm sprechen, desto schlechter stehen unsere Chancen, sein Erscheinen zu erleben.

Auf einmal drehen sich alle Gespräche um ihn. Kaum je hat man seinen Namen so oft gehört wie in den letzten Jahren. Messianismus hier und Messianismus da. Rings um uns ertönen eschatologische Diskurse – die Fanatiker der drei monotheistischen Religionen lassen sie als Echo klingen.

Alle wollen auf ihre Weise das Ende der Welt beschleunigen. Da wären die evangelikalen Christen, die Israel unterstützen, um Gog und Magog hervorzulocken und den Endkampf sowie die Wiederkehr des Heilands voranzutreiben. Dann gibt es die ultra-nationalistischen Juden, die felsenfest davon überzeugt sind, jedes Mal, wenn sie eine neue Siedlung auf der Karte einzeichnen, den göttlichen Willen zu erfüllen. Sie sind bereit, den Jerusalemer Tempel wiederaufzubauen und erneut Kühe und Schafe zu opfern – ja, warum nicht gleich die ganze Welt, wenn sie schon einmal dabei sind. Und da wäre der radikale Islam mit seinen Träumen von einer planetarischen Eroberung, einer Rückkehr zum legendären Kalifat, seiner Leidenschaft für die Märtyrer und seiner Liebe zu den Steinen, die der Weissagung zufolge eines Tages verkünden werden: »Sieh an, hinter mir hält sich ein Jud versteckt, dann komm ihn doch töten.«

Das Schauspiel verspricht grandios zu werden. Besorgen Sie sich unbedingt das Programm!

Und alle drohen damit, im Namen ihrer Texte oder Glaubensinhalte die Welt mit Feuer und Schwert zu verwüsten. Da spielt es keine Rolle, dass diese Texte auch anders gelesen und ausgelegt werden können. Sie beschließen, aus jeder Konfrontation einen Religionskrieg zu machen und im Namen ihrer tödlichen Lektüren das Ende der Geschichte zu beschleunigen. Sie sind wild entschlossen, sich einen Wettlauf zu liefern, sie spielen, wer am schnellsten die Katastrophe über alle bringt. Sie stacheln sich gegenseitig an: Wer zuletzt kommt oder lacht, kriegt den Buckel vollgemacht.

Wenn das so weitergeht, ist Ornica noch lange nicht da. Diejenigen, die für sein Kommen beten, sind eindeutig diejenigen, die es auch am wirksamsten verhindern.

Franz Kafka hatte das genau begriffen, wenn er sagte: »Der Messias wird (…) erst nach seiner Ankunft kommen.« Kafka war der Überzeugung, dass der Messias genau dann wiederkehren werde, wenn er nicht mehr nötig sei. Wir müssten ohne ihn unsere Probleme bewältigen – erst danach wäre der richtige Moment gekommen. Und zwar deshalb, weil die Menschheit herausgefunden haben werde, wie ohne ein äußeres Eingreifen eine bessere Zukunft zu gestalten sei. Dann erst könne er aufkreuzen.

»Ihr braucht mich nicht mehr? Hier bin ich!«

Bis dahin, fürchte ich, wird er sich verstecken oder sehr zurückhaltend bleiben. Er wird sich in einem Wort verschanzen, dessen Sinn den meisten Menschen, die es gebrauchen, verschlossen bleibt. »Messias« ist ein biblischer Begriff. Auf Hebräisch bedeutet er »der Gesalbte« (*maschiach*). Man zeichnete die Helden früherer Zeiten aus, indem man ihren Kopf mit Salböl bestrich, um ihre herausgehobene Position zu betonen. Jeder weiß: Öl mischt sich mit nichts anderem. Es schwimmt immer oben.

In der jüdischen Tradition begnügen sich die Weisen jedoch nicht mit diesem öltriefenden Bild. Sie schenken dem Wort eine andere, in meinen Augen sehr viel sprechendere und besser verdauliche Bedeutung. »Maschiach« bedeutet auf Hebräisch auch »im Gespräch sein«. Der Messias ist also derjenige, der am Gespräch teilhat, oder vielleicht auch derjenige, der darauf wartet, der nur dann kommt, wenn es stattfindet. Solange wir nicht miteinander sprechen, kann es keine Erlösung geben.

Und wenn genau das die Herausforderung wäre, vor der wir heute stehen: die Unterhaltung wieder in Gang zu bringen? Den Weg zu einem Gespräch zu finden, das uns retten könnte, zu einem Dialog, der durch den Krieg, die Angst oder die Gewissheiten abgebrochen ist.

Seit Wochen erlebe ich, wie schwierig dieser Dialog ist: das Gespräch, das ich mit der Welt zu führen versuche, genauso wie das, das sich in meinem Kopf abspielt und von dem dieses Buch Zeugnis ablegen will.

Seit dem 7. Oktober ist es, als könnten unsere Sprachen nichts mehr ausdrücken, als würden sie uns beständig verraten oder sich gegen uns kehren. Die Worte, die wir für geschliffen hielten, sind zu nichts nütze, und die, die wir für sanft hielten, vermögen niemanden mehr zu besänftigen. Sie sind von den grotesken und manipulierbaren Bildern auf unseren Bildschirmen abgelöst worden. Unsere ständig überbeanspruchten Augen machen unsere Ohren und unser Gehirn immer benommener.

In Zeiten des Krieges zu sprechen ist eine nahezu unmögliche Aufgabe.

Nach dem Krieg zu sprechen ist fast genauso kompliziert. Als Kind aus einer Familie, in der wir das Sprechen nie wieder richtig gelernt haben, wo Wiegenlieder, Grammatik und Humor das Schweigen versuchsweise überspielten, weiß ich das nur zu gut. Ich frage mich also, wie wir eine andere Sprache erfinden könnten, um einander zu fragen »wie geht's?«. Einander, nicht jeder für sich. Ich klammere mich an die vergangenen Generationen und an ihre Versuche, mithilfe der Worte die erlebten Katastrophen zu überwinden.

Ich denke an Georges Perec, der mit *Anton Voyls Fortgang* ein ganzes Buch ohne den Buchstaben »e« geschrieben hat, um uns bewusst zu machen, dass wir ohne sie (eux = e) künftig nicht mehr genauso werden sprechen oder schreiben können wir zuvor.

Ich denke natürlich an Romain Gary, der sich so viele Pseudonyme und Identitäten zugelegt hat, um sich und uns klarzumachen, dass er nie mehr er selbst sein wird.

Ich denke an Stefan Zweig, der lieber sterben wollte als Zeuge einer Welt zu sein, in der die Wörter unser Überleben nicht zu garantieren vermochten.

Ich frage mich meinerseits, wie ich die Wörter und uns selbst vor dem, was der Hass uns allen antut, retten kann.

»Oy vey …«

In meiner Familie beginnt das Gespräch noch immer oft mit dieser Einleitung. Ein Erwachsener, ein Eltern- oder Großelternteil betritt den Raum und wiederholt die althergebrachte Klageformel. Plötzlich frage ich mich, ob uns bewusst ist, dass sich in diesem Ausdruck für die Tragödien unserer Geschichte ein merkwürdiger Code verbirgt, der heiligste Name überhaupt: In Oy vey versteckt sich still und heimlich das Anagramm des unsagbaren Namens, der Namen Gottes, den die Juden sich auszusprechen weigern, den andere aber Yehova oder Yahwe nennen.

Oy vey … Yehova als Buchstabensalat. Als enthielte die profane Äußerung unseres Schmerzes immer auch eine theologische oder politische Lektion. Die Katastrophe erzählt buchstäblich von dem kopfstehenden Göttlichen. Die Buchstaben geraten durcheinander, die Wörter, sogar die heiligsten, verlieren ihren Sinn – und die Tragödie bricht sich Bahn.

Auf Jiddisch erzählt die Klage stets von den kopfstehenden Welten, deren Zeugen wir sind. Das, was wir für heilig hielten, stürzt in sich zusammen, nichts hat mehr Sinn. Ein bisschen so, als hörten wir im Französischen in »Dieu« das Anagramm »ideu« (= »hideux«, *hässlich*): Sobald die Buchstaben verdreht werden, verstummt der Lobpreis und das Monströse verschafft sich Gehör.

So gibt sich die Hässlichkeit der Welt zu erkennen: Sie knöpft sich vor allem die Sprache vor. Sie ist es, die als Erstes massakriert wird. Die Schönheit erlischt in den Worten der Menschen, danach erst in ihrer Welt.

Ich weiß nicht, woher der Messias kommen wird und ob er überhaupt den geringsten Grund zu kommen hat. Ich habe das Gefühl, dass er weder Minister noch General noch Stratege sein wird, eher Dichter oder Exeget, ein Mann oder eine Frau, der oder die es versteht, die Worte zu hören, mit ihnen zu spielen und so eine andere Welt zu begründen.

Ich habe dieses Buch mit den Worten eines palästinensischen Dichters begonnen und möchte es mit denen eines israelischen Dichters beschließen. Beide sind schon lange tot, und ich weiß nicht, ob sie sich außerhalb des vorliegenden Buchs schon einmal begegnet sind. Wenn dieses Buch nur einen Zweck erfüllen dürfte, würde ich mir wünschen, dass er darin bestünde, das Gespräch zwischen ihnen in Gang zu setzen oder wieder aufleben zu lassen.

Der eine hat auf Arabisch geschrieben, der andere auf Hebräisch. Aber was tut das zur Sache? Auch diese beiden Wörter funktionieren (auf Hebräisch) als Anagramm. Sie werden exakt mit den gleichen Buchstaben geschrieben – Arabisch = ayin-resh-bet-youd oder Hebräisch = ayin-beit-resh-youd – ein und dasselbe Wort, ineinander verschlungen.

Ich möchte glauben, dass Mahmud Darwisch und Jehuda Amichai auf diesen Seiten ein Gespräch führen. In ihren Worten gibt es kein »aber«, keinen unvergänglichen Hass. Es gibt die Spur der Kämpfe, die sie führen mussten, die Spur manchmal notwendiger Kriege. Und es gibt die Einladung zu einem anderen Messianismus. Nicht zu einem, der das Ende der Welt beschleunigt und uns direkt in die Katastrophe stürzt, sondern zu einem Messianismus, der im Gegenteil verkündet, dass es eine Zukunft gibt: für alle, die an den anderen denken, für alle, die miteinander und mit ihrer eigenen Menschlichkeit im Dialog sind.

Einmal saß ich auf der Treppe am Tor der David-Zitadelle und stellte meine zwei schweren Einkaufskörbe neben mir ab. Eine Touristentraube umringte einen Tour-Guide, und ich gab den Bezugspunkt für sie ab:

»Sehen Sie den Mann da drüben mit den Körben? Ein bisschen rechts von seinem Kopf da ist ein Bogen aus der Römerzeit. Ein bisschen neben seinem Kopf.«

»Aber er bewegt sich, er bewegt sich!«

Ich sagte mir: Erlösung wird erst kommen, wenn man ihnen sagt:

»Sehen Sie den Bogen dort drüben aus der Römerzeit? Der ist nicht wichtig, aber links und ein bisschen unterhalb davon sitzt ein Mann, der Früchte und Gemüse für zu Hause gekauft hat«.

Jehuda Amichai,
israelischer Dichter

An den anderen denken
An den Menschen denken
An die schweren Körbe denken, die es abzustellen gilt,
Um wieder Hoffnung zu schöpfen …

Paris, den 14. Dezember 2023
8. Chanukka-Kerze

QUELLEN

Mahmoud Darwish: *Denk an den Anderen*. Übersetzt von Hakam Abd al-Hadi. Online: https://literaturfestival.com/wp-content/uploads/Poems_German.pdf, abgerufen am 25.06.2024.

Elie Wiesel: *Die Nacht*. Erinnerung und Zeugnis. Aus dem Französischen von Caroline Vollmann, Herder 2022.

Albert Cohen: *Oh, Ihr Menschenbrüder*. Erzählung. Aus dem Französischen von Ahlrich Meyer, ça ira 2024, S. 40 und S. 22.

Anne Sylvestre: *Les gens qui doutent*, in: »J'ai de bonnes nouvelles« (1977–1978), EPM Musique.

Jehuda Amichai: *Gedichte*. Hrsg. u. aus dem Hebräischen übersetzt von Hans D. Amadé Esperer. Würzburg: Königshausen & Neumann, 2018, S. 172.